O PSICODRAMATURGO

Realização deste livro:

Equipe editorial da REVISTA BRASILEIRA DE PSICODRAMA

Coordenação Geral: Moysés Aguiar

Área de Produção: Cida Davoli
Norka Wajnzstejn
Vera Lucia Senatro

Área Editorial: Mara Silvia Ribeiro
Rachel Alvim
Rosane Avani Rodrigues

Secretária Executiva: Vera Guedes

Ilustração da Capa: Lury Miyague

Composição: KM Consultores e Editores Associados Ltda

Dados de Catalogação na Publicação (CIP) Internacional
(Câmara Brasileira do Livro, SP, Brasil)

O Psicodramaturgo J.L. Moreno, 1889-1989 / Moysés
Aguiar, coordenador. - São Paulo : Casa do Psicólogo, 1990.

ISBN 85-85141-13-1

1. Moreno, Jacob Levy, 1889-1974 2. Psicodrama
3. Psicoterapia de grupo I. Aguiar, Moysés, 1939-

CDD–616.8915
–616.890092
NLM–WM 430

90–0748

Índices para catálogo sistemático:

1. Psicodrama : Medicina 616.8915
2. Psicoterapia de grupo : Medicina 616.8915
3. Psiquiatras : Biografia e obra 616.890092

Alfredo Naffah Neto - Camila Salles Gonçalves - Dalmiro M. Bustos
Gecila Sampaio Santos - José Augusto do N. Gonçalves Neto - José
Fonseca Filho - Luiz Cuschnir - Maria Alícia Romaña - Moysés Aguiar
Newton Aquiles von Zuben - Paulo Sérgio Amado dos Santos - Sérgio
Perazzo - Vânia de Lara Crelier

Moysés Aguiar
Coordenador

O PSICODRAMATURGO

J.L. MORENO (1889-1989)

Casa do Psicólogo ®
Revista Brasileira de Psicodrama

© 1989 Casa do Psicólogo Livraria e Editora Ltda.

Reservados todos os direitos de publicação em língua portuguesa
à Casa do Psicólogo Livraria e Editora Ltda.
Rua José dos Santos Jr., 197 - 04609 - São Paulo - SP
Fone: (011) 543-5322 - Telex (011) 54761 - OGOL - BR

É proibida a reprodução total ou parcial desta publicação, para
qualquer finalidade, sem autorização por escrito dos editores.

Impresso no Brasil / *Printed in Brazil*

SUMÁRIO

INTRODUÇÃO
"LOCUS NASCENDI" 3

MORENO E SUA ÉPOCA
CAP. I — MORENO E O SEU TEMPO 13
Alfredo Naffah Neto

O HOMEM MORENO
CAP. II — O CENTENÁRIO DO MESTRE 25
Dalmiro M. Bustos
CAP. III — MEMÓRIAS DE BEACON E OUTRAS
MEMÓRIAS 29
José Fonseca Filho
CAP. IV — MESA REDONDA DOS MEUS OBJETOS
QUE TÊM A VER COM MORENO 36
Luiz Cuschnir
CAP. V — CONSIDERAÇÕES SOBRE A – ESQUECIDA-
ADOLESCÊNCIA DE J.L. MORENO 62
Maria Alícia Romaña
CAP. VI — MORENO MÍSTICO 75
Vânia de Lara Crelier

O PENSAMENTO DE MORENO
CAP. VII — EPISTEMOLOGIA DO PSICODRAMA:
UMA PRIMEIRA ABORDAGEM 91
Camila Salles Gonçalves

CAP. VIII – JACOB LEVY MORENO E MARTIN BUBER:
UM ENCONTRO 106
Newton Aquiles Von Zuben

CAP. IX – MORENO E BERGSON 119
José Augusto do Nascimento Gonçalves Neto

A OBRA DE MORENO

CAP. X – AÇÃO DRAMÁTICA: SEU SENTIDO ÉTICO
E SUAS ROUPAGENS IDEOLÓGICAS 135
Gecila Sampaio Santos

CAP. XI – MORENO E SEU PROJETO CIENTÍFICO:
UM BALANÇO..................................... 141
Moysés Aguiar

CAP. XII – PSICODRAMA NÃO CLÍNICO...................... 152
Paulo Sérgio Amado dos Santos

CAP. XIII – MORENO, DOM QUIXOTE E A MATRIZ DE
IDENTIDADE: UMA ANÁLISE CRÍTICA....157
Sergio Perazzo

AUTORES 168

INTRODUÇÃO

LOCUS NASCENDI

Há cem anos nasceu Jacob Levy Moreno, o criador do Psicodrama.

Essa efeméride não poderia passar em branco, sem uma comemoração digna da importância que esse homem tem para alguns milhares de brasileiros que tiveram ou estão tendo algum tipo de contato com sua obra, em seus desdobramentos históricos.

O Psicodrama brasileiro representa, no panorama internacional, um nicho de vitalidade contagiante. Ou pelo menos perturbador, pela alegria que marca sua seriedade, pelos questionamentos que brotam de sua crença e pelo caráter revolucionário que impregna suas instituições.

Uma das manifestações mais legítimas dessa vitalidade é o esforço no sentido de produzir e veicular conhecimentos.

Numa pesquisa efetuada sob os auspícios do Conselho Federal de Psicologia, que a incluiu no livro "Quem é o Psicólogo Brasileiro", procurou-se definir o perfil da produção científica extra-acadêmica em nosso país. Foram examinadas as publicações de psicologia dos últimos anos, não geradas no âmbito das universidades. Um dos dados mais significativos, para nós, é que os trabalhos versando sobre o Psicodrama representam 12% do total encontrado.[1] Esse dado contrasta com outro, divulgado por esse mesmo órgão, que dá conta de que a preferência dos psicólogos brasileiros pelo Psicodrama, como opção de trabalho psicoterápico, situa-se numa faixa significativamente inferior.

Quem conhece o movimento psicodramático um pouco mais de perto sabe o que significa essa produção. Jornadas internas, seminários, encontros regionais, congressos nacionais, monografias para a conclusão de cursos de formação, para credenciamento de terapeutas didatas e de supervisores, estímulo constante ao registro de experiências, pesquisas, contribuições, questionamentos e propostas teóricas.

Há a qualidade, que sempre pode merecer reparos. No entanto, em meio a todo esse esforço, a boa produção emerge, permitindo que os

---

(1) AGUIAR, M.: A Produção do Conhecimento Psicológico Fora do Espaço Acadêmico. In *Quem é o Psicólogo Brasileiro*. Conselho Federal de Psicologia – São Paulo: EDICON, 1988

profissionais em atividade possam repensar seu trabalho e que os novos iniciem sua carreira com uma bagagem sempre melhor que a recebida pelos seus antecessores.

Essa produtividade ganha relevância quando se considera que as condições econômicas de nosso país não favorecem a pesquisa científica, nem a atividade artístico-intelectual.

Não há financiamento para o labor de produção do saber.

Muito menos, ainda, para divulgá-la.

Editar anais de congressos é um ato de heroísmo. Muito mais, manter uma publicação regular, revista científica ou jornal informativo. ·Só mesmo o horizonte definido pelo interesse na leitura faz com que as empresas editoriais se arrisquem a publicar títulos bibliográficos, cujo mercado acaba sempre restringido pelo baixo poder de compra dos eventuais leitores (ainda que interessados).

Dentro desse contexto, vem a Federação Brasileira de Psicodrama, em suas várias gestões diretivas, desenvolvendo ingentes esforços no sentido de dotar a comunidade psicodramática brasileira de um órgão de divulgação científica. Foi criada, circulando pela primeira vez em 1978, a "Revista da FEBRAP".

O empreendimento foi deficitário, tanto no sentido econômico quanto do próprio alcance desejado, como veículo de divulgação das pesquisas psicodramáticas, em função, principalmente, da periodicidade irregular com que saiu do prelo (à parte o nome, que não ajuda muito, pela inclusão de sigla, o que acaba tendo sentido somente para os íntimos).

Nos últimos anos, o tema tem freqüentado as pautas das reuniões administrativas da referida Federação, na busca de uma fórmula capaz de resolver o problema: lançar e manter uma revista que alcance condições de sustentar-se, não apenas com circulação regular, mas num nível de conteúdo que responda às aspirações dos psicodramatistas e às exigências do público externo.

Fez-se uma pesquisa de âmbito nacional, com utilização dos recursos técnicos do próprio psicodrama, para desenhar o interesse dos profissionais e alunos. Ela revelou sonhos, na maioria das vezes irrealizáveis a curto prazo, capazes entretanto de sinalizar a direção do desejo. Propiciou, de quebra, o nome de batismo da nova publicação: "Revista Brasileira de Psicodrama".

Para operacionalizar o lançamento, havia necessidade de uma equipe de trabalho que funcionasse com elevado grau de coesão interna, o que talvez fosse difícil conseguir com a justaposição de nomes indicados pelas entidades federadas.

Optou-se, então, pela escolha de um "editor-chefe", que se encarregaria de formar o grupo, através de critérios sociométricos. A ousadia política da fórmula é inegável, dado o montante de responsabilidades e, conseqüentemente, de poder, atribuídas ao companheiro designado. A despeito, é claro, dos mecanismo institucionais e afetivos de controle.

Formada a equipe, o desiderato de coesão mostrou-se regalado.

Conseguiu-se estabelecer a política e o projeto editoriais, com linhas mestras claras e definidas. Concebeu-se um esquema de sustentação econômica: cada entidade patrocinadora – que se une às demais no esforço comum institucionalizado pela Federação – responsabiliza-se pelo custeio de uma fração dos encargos, proporcional à sua potencialidade, definida esta pelo seu tamanho numérico, ou seja, quantidade de associados/alunos. Essa fórmula se reproduz no momento final, que é o da distribuição dos exemplares produzidos.

Para o custeio, a criatividade de cada uma pode funcionar: buscar publicidade, conseguir donativos, promover eventos rentáveis, ratear o montante entre os associados sob forma de mensalidade, angariar assinaturas, enfim, como quiser.

Na hora de fazer chegar aos leitores, a mesma coisa: doar gratuitamente as revistas aos associados, entregar as assinaturas, vender a totalidade ou apenas os excedentes das hipóteses anteriores, colocar nas livrarias, montar barracas em eventos, trocar por livros ou outras publicações de interesse dos associados, e assim por diante.

Sintoma de subdesenvolvimento, o projeto começou a fazer água por aí. O orçamento inicial, que deveria ser dividido equitativamente entre as entidades filiadas, sofreu as conseqüências do famigerado "Plano Verão", a demagógica panacéia governamental destinada ao controle inflacionário.

O custo estimado subiu a cifras astronômicas, com a explosão da inflação artificialmente contida e, aí, bateu na falta de recursos dos próprios patrocinadores.

Entidades que mal conseguem manter-se, não teriam como

arcar com a sobrecarga representada pelo novo patamar orçamentário.

Tudo precisa ser repensado. E está sendo. Não apenas pela equipe editorial mas, principalmente, pelos dirigentes da Federação e pela liderança das entidades.

Enquanto isso...

A comissão encarregada de publicar a Revista havia tomado já uma série de providências. Especialmente as que se destinavam a concretizar o primeiro número: seria uma edição especial, que aliaria as celebrações do nascimento do novo periódico àquelas do centenário do nascimento de J.L. Moreno.

Um casamento genial.

A preparação desse número foi cercada de cuidados especiais.

Havia uma questão de tempo: para que tivesse sentido, deveria sair ainda no ano de 1989, o que descartou, desde logo, a afluência espontânea de colaboradores que, de acordo com o que se definiu como esquema permanente, deveriam ser submetidos ao crivo da "Comissão Científica" (designada pela Federação com a tarefa de fazer a triagem do material a ser publicado). Optou-se então por solicitar os trabalhos diretamente aos colegas que, supostamente, em função de suas notórias habilidades de escrever, teriam algo de novo a dizer.

Ao mesmo tempo, pensou-se que para homenagear Moreno nada mais oportuno de que uma edição monotemática, que o colocasse como centro das considerações a serem feitas, versando estas sobre sua vida, sua obra, seu pensamento.

Listados os temas, procuraram-se os nomes e, daí, os conseqüentes convites.

Desse esforço resultou a primeira grande alegria da equipe: salvo uma ou outra recusa, inicialmente explícita ou concretizada ao longo do processo, a disposição de colaborar foi de alentadora unanimidade, inclusive em função da exigüidade dos prazos estabelecidos.

Os artigos começaram a chegar. Cada um deles era uma festa, disputando-se palmo a palmo a chance de fazer a primeira leitura. Que pena que esteja tão curto! Este está muito denso, apesar disso. Este outro é instigante. De certa forma, daria para a gente esperar mais deste aqui.

Comentários do gênero rolaram, internamente, o tempo todo.

Externamente, o sigilo fácil do terapeuta que já entranhou a tumularidade que o mister impõe.

A pouco e pouco foi-se delineado o conjunto. Que bom, teremos uma revista de bom nível, própria para marcar o seu nascimento!

Só que o equacionamento difícil da questão econômica veio trazer um perturbador obstáculo. Veio então a notícia de que não haveria suplementação de verba que havia sido solicitada.

Passado o impacto desta notícia, a equipe, que se sentira inicialmente desestimulada conseguiu reconstituir sua integridade e suas energias, reerguendo-se.

Não haveria tempo de aguardar que as patrocinadoras conseguissem encontrar uma fórmula capaz de garantir que a revista não tivesse o mesmo destino que sua antecessora: sai hoje, amanhã só Deus sabe.

Que fazer com essa edição praticamente pronta? Não se pode desperdiçar a oportunidade de marcar o centenário de Moreno.

Foi aí que surgiu a idéia deste livro.

A "Casa do Psicólogo", editora paulista que já havia demonstrado interesse em lançar títulos ligados ao Psicodrama, aceitava, em princípio, bancar comercialmente, dentro do esquema normal adotado pelas empresas do ramo.

O que se precisava, antes, era ter certeza de que seria mesmo por aí o caminho, por parte da própria equipe. Em seguida, consultar os autores, que tinham produzido seus escritos diante da perspectiva de vê-los publicados numa revista: como encarariam a hipótese do livro? Consultas aqui e ali, prós e contras analisados, a decisão foi feita e o resultado o leitor tem em mãos.

Não existe melhor homenagem a um homem que perseguiu a verdade durante toda a sua vida do que procurar desfazer os mitos que se levantam em torno dele, permitindo destarte a emergência de seu valor real.

Neste livro, Moreno é principalmente desmistificado.

Sua personalidade foi a de um líder incontestável, pleno de carisma e de uma enorme garra na luta pelos objetivos que se traçou. Vanguardista instintivo, se assim se pode dizer, identificava olfativamente o futuro e com ele se entusiasmava, empreendendo vias heterodoxas para o chegar lá. Impossível aproximar-se dele e permanecer indiferente. Há que polemizar com ele, extravasar a inquietação que provoca, atirar-lhe ovos podres e, ao final, amá-lo e respeitá-lo.

É assim que este livro nos ensina a ver Moreno.

A equipe editorial, ao fazer seus convites, tentou identificar alguns pensantes e os encontrou. As expectativas foram superadas, na medida em que adeptos do Psicodrama são capazes de criticar o seu criador, identificar em suas propostas os pontos positivos e os aspectos frágeis, promover um expurgo do indesejável e, simultaneamente, lançar as bases para um pensamento teórico capaz de fundamentar adequadamente uma prática em essência apaixonada e apaixonante.

Construir a teoria do Psicodrama. Eis aí o grande desafio que brota do tilintar dos brindes a Moreno, harmoniosa sinfonia executada por uma orquestra improvisada e espontânea, bem ao gosto do homenageado.

E construir a teoria não é fazer arranjos explicativos, montar esquemas simplistas e fechados de processamento, complementar lacunas com recheios de outros sistemas e, muito menos, justapor jargões. Trata-se, antes, como o demonstram os autores deste livro, de desbastar o terreno, revolver o solo, retirando dele o lixo inorgânico, as pedras e os resíduos indesejáveis, para, em seguida, adubá-lo, promover o plantio e cuidar das tenras hastes que logo surgirão.

É tarefa para quem pretende seriedade, não tem preguiça e é capaz de identificar a singularidade radical da proposta moreniana, inclusive no seu sincero e eloqüente apelo no sentido de que não se permitisse a cristalização de sua obra em conservas culturais que obstassem a permanente criatividade que ela exige.

Este livro nos esclarece muitas coisas sobre Moreno.

Não se trata de um discurso laudatório, daqueles que se ouvem nos funerais e nas cerimônias de tributo a personalidades.

Aqui Moreno é enaltecido pela retificação de informações a seu respeito, pelos reparos que se fazem ao seu pensamento, pela coragem de denunciar sectarismos inconseqüentes e pela identificação da humanidade do ídolo. Bem ao gosto do laureado que, apesar da vaidade própria dos que se apropriam de sua divindade, não se quer um bezerro de ouro em substituição ao criaturgo vivente. Talvez até por essa vaidade, delicia-se com a diversidade dos desdobramentos de sua obra, que origina diferentes apreciações, várias correntes, opiniões múltiplas, práticas contrastantes, experimentação, crítica, sistematização parcial, tentativas de integração, um animado mercado de propostas, apregoadas com os mais originais argumentos.

Esse aparente caos provoca em Moreno sorrisos de imensa satisfação.

Ele atesta a virilidade de sua obra, que se desloca do criador e ganha autonomia, capacidade para empreender vôos próprios. Como um filho que sai de casa para fazer a vida, quebra a cara muitas vezes e, volta e meia, retorna ao lar de origem trazendo na bagagem ora dádivas, ora lágrimas, mas sempre um recheado currículo de realizações pessoais.

Poder-se-ia dizer dessa alegria ao se referir a qualquer pai ou a qualquer criador. Talvez por "bairrismo", não se sabe, mas tudo indica que para Moreno esse fenômeno tem um sabor muito especial. Ainda vivo, demonstrou uma largueza de espírito, uma tolerância teórica até excessiva de tão imensa, apoiando sinceramente todos aqueles que, tendo conhecido o Psicodrama, se propunham enriquecê-lo e ampliá-lo, ainda que aparentemente sacrificando algum aspecto relevante da própria proposta. Algo assim como a mãe que sabe que o filho vai cair mas o estimula a andar sozinho, certa de que, ao levantar-se, estará mais forte e preparado para a vida do que antes. Pelos descaminhos é que se constrói o caminho do Psicodrama.

Dizem-nos os autores deste livro que pelos descaminhos é que Moreno fez o seu caminho.

É assim que a equipe editorial da futura "Revista Brasileira de Psicodrama" se situa: a aventura do primeiro número da revista acaba num livro; o elenco de autores escolhidos surpreende com um instigante conjunto de textos que inovam o conceito de homenagem póstuma; adversas as condições, o grupo de trabalho se enriquece como experiência de vida e se fortalece para fazer da tão sonhada publicação científica do Psicodrama brasileiro uma tangível realidade, em futuro bem próximo.

Paradoxalmente, este livro, surgido da impossibilidade de fazer uma revista, apregoa que a revista vem aí. E para valer!

O caminho, pelos descaminhos. Como J.L.Moreno.

MORENO E SUA ÉPOCA

CAPÍTULO I

MORENO E O SEU TEMPO

Alfredo Naffah Neto

Afinal, quem foi esse Jacob Levy Moreno, a quem, até hoje, os sociólogos negam reconhecimento, que os psicólogos ainda olham com desdém, os psiquiatras julgam um megalomaníaco e os filósofos um ignorante? Quem foi esse homem, que nunca se preocupou com qualquer rigor conceitual nos seus escritos, embora se pretendesse um sabido? Que edificou toda uma escola terapêutica sem nunca ter se submetido a qualquer tipo de psicoterapia, nem realizado nenhum tipo de autoanálise, à semelhança de Freud? Que viveu desafiando todos os dogmas do seu tempo, religiosos, terapêuticos, científicos, sem apresentar nenhuma outra verdade que os substituísse? Que era avesso à própria idéia de *sistema*, preferindo transmitir a sua prática pela experiência direta, ao vivo, e que, mesmo quando escrevia, não tinha o menor pudor em vagar ao sabor das próprias idéias, pulando de um tema para outro, obrigando o leitor a ziguezaguear por inúmeros lugares e a terminar, muitas vezes, mais perdido do que quando começara?

Os poetas, os artistas de teatro, os cantores, estes sim, sempre lhe renderam algum tributo. Lembro-me até hoje da minha surpresa ao ouvir Maria Bethânia recitar um de seus poemas, no show *Rosa dos Ventos,* lá pelo início dos anos 70. Naquela época o psicodrama era ainda um quase desconhecido em terras brasileiras; o congresso que, de alguma forma, o popularizara ocorrera em São Paulo pouco antes. No entanto, Fauzi Arap, autor e diretor do espetáculo, conseguira descobrir o poema de Moreno e colocá-lo lá, ao lado de Fernando Pessoa, Clarisse

Lispetor e tantos outros. Num espírito de pesquisa semelhante, a peça *Equus*, de Peter Shaffer, dirigida por Celso Nunes em 1975 em São Paulo, viria a se utilizar de uma linguagem psicodramática. Ou seja, as artes absorveriam com facilidade aquilo que as ciências e a filosofia preferiam manter na marginalidade. Entretanto, mesmo no campo do teatro, Moreno nunca chegou a ser considerado pela academia; haverá, em algum lugar do mundo, um manual de história do teatro que relate as experiências do Teatro de Espontaneidade, do Jornal Vivo, do Teatro Terapêutico, ocorridas na Viena dos anos 20? A coisa mais próxima que me chegou às mãos, neste gênero, era parte das memórias de uma atriz, que fora contemporânea de Moreno nesta época e que relembrava sua figura jovial e bonita nas inúmeras experiências teatrais, de muitas das quais participara. Infelizmente, o texto que me chegou às mãos, e que era um xerox de um xerox, perdeu-se e eu nunca mais consegui localizá-lo. De qualquer forma, era um relato singular, em nada acadêmico, em nada fadado a um reconhecimento oficial.

Quem foi, pois, esse homem, um farsante ou um gênio?

Nem uma coisa nem outra, se as tomarmos como categorias exclusivas. Um pouco de cada uma, se as considerarmos como características imbricadas. Na verdade, todo farsante é um pouco gênio e todo gênio é um pouco farsante. A genialidade do farsante é uma qualidade dramática, capaz de tornar verossímil o que representa. A farsa do gênio é toda a idealização, o carisma que o cercam e que ele termina por encarnar, aparecendo maior do que, de fato, é. Um e outro estão sempre meio deslocados, meio em defasagem em relação ao mundo que os cerca; a insatisfação é a sua marca característica. E ambos atuam num contato direto e intenso como o mundo da fantasia, embora o operacionalizem de formas diferentes.

Pois Moreno foi, pelo *modus operandi* com que questionou e transformou a cultura do seu tempo, um pouco farsante e um pouco gênio.

14

Farsante quando pretendeu, com meia dúzia de frases eloqüentes e conclusivas, reparar e ultrapassar a suposta falta de visão de um Nietzsche, de um Bergson, de um Freud, de um Marx. Neste âmbito, tudo cheira a ilusionismo, a magia barata, a teatro de circo. Nem um farsante de classe mestre, Moreno consegue se sair.

Escolho, para começar, as críticas a Nietzsche. Diz Moreno: "A falta de um conceito adequado de momento estragou qualquer tentativa de se formar uma teoria da criatividade e espontaneidade. Isso se mostra na confusão dos trabalhos de Nietzsche e Bergson, por exemplo, sempre que tiveram que lidar com problemas relacionados (...). Os deuses e heróis que se tornaram a base para a teoria nietzschiana do valor eram, como Beethoven, Bach, Wagner e outros, pessoas que viviam a serviço da conserva cultural. Dado que suas conquistas eram " trabalhos ", e são, conservas culturais de alto nível, tornaram-se o suporte referencial das avaliações nietzschianas[1]". Aqui já podemos parar para constatar que a afirmação de que Beethoven, Bach e Wagner *viviam a serviço* da conserva cultural – eles que foram exemplos de intensa criatividade musical para toda a posteridade – é, senão caluniadora, pelo menos desastrosamente equivocada e sensacionalista. E o que dizer, então, da afirmação de que os heróis e deuses que serviram de base para o discurso nietzschiano estavam na mesma condição? Em que *Zaratustra* "vivia a serviço da cultura " da conserva cultural? E *Dionisio* – deus da embriaguês, da fecundidade, da unidade com o cosmos, cujo culto representava a dissolução de qualquer individualidade, de qualquer identidade, numa volta à participação primordial e direta com as forças vivas do universo – como poderia estar " a serviço " da conserva cultural? O universo místico, mundo encantado, força viva, que na Grécia arcaica era vivido como tão real quanto a própria polis, é considerado por Moreno como conserva cultural? Absurdo. É achatar e distorcer tudo em volta como forma de

---

(1) Moreno, J.L. *Psycodrama,* vol. I, Beacon House Inc., Beacon, N.Y., 4ª edição, 1977, pág. 105.

afirmar o próprio pensamento. Pura farsada. Que se confirma e se reforça quando, mais adiante Moreno afirma: "Nietzsche não percebeu que, enquanto numa ocasião, dureza e egoísmo podem ser as respostas mais fortes para a situação, noutra, ocasião, seus opostos diretos, amor e caridade, podem ser as respostas requeridas"[2]. E aqui pode-se, então, perceber que, de fato, Moreno não está falando de Nietzsche, mas dele próprio. Pois reduzir toda a *ética aristocrática* aos termos *dureza* e *egoísmo* é achatá-la de forma caricata, amoldá-la aos propósitos retóricos do comentador. Um modo de vida e de auto-afirmação *ativo* e *independente* não pode ser reduzido aos caracteres de dureza e egoísmo, sem que com isso se camufle o seu significado maior[3]. Da mesma forma, reintroduzir os valores cristãos – amor e caridade – desconsiderando toda a análise que Nietzsche faz do cristianismo como força reativa é, no mínimo, tentar ludibriar o leitor[4].

Algo semelhante ocorre quando Moreno passa às críticas a Henri Bergson: " Bergson chegou mais perto do problema do que qualquer um dos filósofos modernos. Ele era suficientemente sensível à dinâmica da criatividade para postular o tempo, em si mesmo, como sendo mudança incessante – como sendo totalmente criativo. Em tal esquema não havia lugar, entretanto, para o momento como uma catego-

---

(2) Idem ibidem, pág. 106.

(3) Ao leitor pouco enfronhado no pensamento de Nietzsche cabe informar que a *ética aristocrática* ou *ética do senhor* – e que se opõe à *moral do escravo* – descreve um modo de vida que Nietzsche designa como *ativo*: o senhor afirma sua vida e seu valor independentemente de qualquer referência ao outro. O escravo, ao contrário disso, só consegue se afirmar de forma *reativa*, ou seja, a partir da negação do outro, do ressentimento e da culpa. Por isso a sua vida não tem forma própria, positiva, sendo o reflexo da negação do outro, o avesso, portanto, da forma do outro; é uma vida, pois, incapaz de singularizar-se.

(4) A grosso modo, Nietzsche critica o cristianismo como doutrina que nega e apequena a vida real, fazendo dela uma força reativa, calcada na culpa, no pecado, na promessa de uma vida eterna. Onde o amor e caridade viram deveres e barganhas com Deus, a perpetuação da moral do escravo: " ele é mau, portanto eu sou bom; serei o escolhido de Deus".

ria revolucionária desde que cada partícula de tempo – "duração", como ele o chamava – era criativa em cada um dos seus instantes, em qualquer caso. Tinha-se somente que mergulhar na experiência imediata a fim de participar dessa corrente de criatividade, desse " *élan vital* " e dessa "durée". Mas ele, Bergson, não construiu uma ponte entre esse absoluto criativo e o tempo e espaço fabricados pelo homem, no qual vivemos. O resultado é, então, que, ainda que essas experiências imediatas tivessem a qualidade de realidade final que ele reivindicou para elas, tem uma condição irracional e conseqüentemente são inúteis para a metodologia e o progresso científicos"[5]. Aqui a primeira impressão que se tem é de que Moreno leu apenas o primeiro livro de Bergson *Essai sur les donnés immédiates de la conscience* pois é a teoria exposta nesta obra a que descreve e critica. Pois em *Matière et Mémoire* Bergson não faz outra coisa senão descrever a " ponte entre o absoluto criativo e o tempo e o espaço fabricados pelo homem "; essa ponte se chama *corpo*. E em *Les deux sources de la morale et de la religion*[6], tenta justamente mostrar como os grandes gênios criadores da humanidade, os grandes músicos e os grandes místicos, segundo ele, conseguem catalisar esse absoluto criativo na produção de obras inéditas, artísticas ou espirituais. De todas as afirmações de Moreno, a única, pois, que se sustenta é a de que Bergson não fez da noção de momento uma categoria revolucionária, mas isso não significa, em absoluto, que a ausência desta noção o tenha impedido de descrever a dinâmica do ato-criador nem o conduzido ao irracionalismo. Estas constatações são pura fabricação retórica de Moreno, distorções que só servem para criar uma idealização e um carisma em torno de si próprio.

Assim, se no confronto com outros autores, Moreno mostra-se, via de regra, um narcisista desastrado, é difícil, a partir daí, dizer que

---

(5) Moreno, J.L. *Psycodrama,* volume I, op. cit., pág. 106.

(6) As três obras foram publicadas pela Librairie Félix Alcan, a primeira em 1889, a segunda – que por sinal tem como subtítulo : *Essai sur la relation du corps à l'esprit* – em 1896 e a terceira em 1932.

forças concorrem para isso, o quanto a questão narcísica não esbarra também numa dificuldade de discriminação maior quando nosso autor sai do plano intuitivo e entra no plano conceitual. A precária elaboração de certos conceitos por ele mesmo criados, em situações que escapam aos confrontos, corrobora essa última hipótese. Entretanto, mesmo que consideremos Moreno um intuitivo em essência, isso não impede que os seus confrontos teóricos nos dêem sempre a impressão de uma grande farsada. Mas como o farsante e o gênio são almas irmãs, Moreno teve também seus rasgos de genialidade. Senão não teria sido quem foi, nem estaríamos agora comemorando o seu centenário.

Genial foi, por exemplo, a formulação do fenômeno *protagonismo* que, por si só, já bastaria para justificar toda a trajetória de Moreno, tal a amplitude da descoberta e tamanhas as suas implicações no âmbito das ciências humanas.

Todos nós sabemos que a noção de *protagonista* já existia antes do vocabulário teatral, designando o personagem principal da peça. Sua origem remonta à tragédia grega e seu sentido etimológico é " o primeiro combatente". No contexto trágico o protagonista era, via de regra, um herói – portanto meio humano, meio divino – e sua ação estava toda centrada numa luta contra o *destino*. E na medida em que, na acepção grega, o *destino* designava a injunção dos desígnios divinos na vida humana, o protagonista era aquele que lutava para trazer o controle dessas forças para o âmbito humano. Sua ações eram freqüentemente possuídas por forças divinas e sua tentativa era a de se apropriar dessas ações, instituir no seu âmago a vontade própria. Os termos *espontaneidade* e *responsabilidade* derivam ambos do latim *sua sponte* (= vontade própria) e resumem, por assim dizer, a direção dos esforços do herói trágico[7].

---

(7) É claro que o prefixo, sendo latino, só apareceu mais tarde. Na tragédia, segundo Jean Pierre Vernant, só existem esboços da noção de *vontade,* o que significa que ela não está totalmente formada. Assim, se a *espontaneidade* e a *responsabilidade* representam a direção dos esforços do herói, é sob a forma de um horizonte inatingível. Nesta luta é sempre o destino quem vence.

Nesse sentido, o herói era um genuíno *porta-voz* dos anseios e aspirações humanos, como Prometeu, que tentou trazer aos humanos o fogo e as artes dos deuses e que, por isso, recebeu castigo eterno.

É este, precisamente, o sentido do termo que Moreno resgatou do universo mítico-trágico para o âmbito filosófico-científico, instituindo, a partir daí, a idéia de que as aspirações e os desejos mais escondidos – *inconscientes* mesmo – das coletividades, dos grupos, podem, de quando em quando, condensar-se num porta-voz. Cuja ação e discurso passam, então, a representar uma multiplicidade que transcende, de ponta a ponta, seus limites individuais, egóicos. O significado desse resgate para a elaboração do método psicodramático todos nós, grosso modo, conhecemos. Gostaria de examinar aqui o seu significado mais amplo, qual seja, a amplitude com que ele questionou e transformou as cultura da época em que aconteceu.

Quando Moreno surgiu, em Viena, nos anos 20, a psicanálise começava a ser melhor difundida; fizera escola, até já se institucionalizara. Mas o meio científico ainda digeria mal a noção de *inconsciente* formulada por Freud. Era difícil aceitar que todos nós tínhamos conteúdos psíquicos esquecidos, recalcados, varridos da consciência – e que todos tinham conteúdo sexual, inclusive os de uma criança pequena – pois isto fazia com que a soberania da consciência fosse demolida pela existência de um *inconsciente* que guardava, intacta, a história e parte da pré-história de cada um. O que pensar, então, de uma noção como a de protagonista, que transformava a ação e o discurso de um sujeito individual na condensação inconsciente dos desejos de uma coletividade? Pura loucura! Se era difícil aceitar um inconsciente formado de resquícios da história pessoal e familiar de cada um, como poder digerir um *co-inconsciente*, formado de múltiplas histórias e pré-histórias, um emaranhado de forças coletivas a despossuir a ação própria de um sujeito? A romper os seus limites não só conscientes, mas também pessoais e a fazer dele uma expressão de forças anônimas? Tal conceito não poderia, de forma alguma, ter sido absorvido pela cultura científica da época; tanto assim que

19

acabou marginalizado, restrito ao mundo das artes, onde, aliás, era velho conhecido-de-guerra. Mas acabou, sub-repticiamente, produzindo efeitos através da prática psicodramática e sociodramática vindo, mais tarde, inspirar as formulações anti-psiquiátricas. Se é verdade que a anti-psiquiatria nunca reconheceu explicitamente o quanto devia às formulações de Moreno, isto se deveu, em parte, à rivalidade e à falta de humanidade existentes nos meios "psico", mas também, sem dúvida, à posição marginal que Moreno sempre ocupou em relação à cultura de sua época. Entretanto, basta um breve exame para reconhecer que, para descrever o louco como "emergente" de uma dinâmica familiar, Laing e Cooper lançaram mão, direta ou indiretamente, da noção de protagonista. E que quando se propuseram a criar um continente adequado para que o louco pudesse viver e desenvolver a própria loucura até o seu âmago, estavam simplesmente retomando procedimentos que Moreno já utilizara anteriormente. Se o mundo "psico" não tivesse marginalizado Moreno de forma tão radical, teria percebido que as bases para as idéias e procedimentos da anti-psiquiatria já estavam formulados desde o início da Segunda Guerra Mundial, época em que Moreno tratou de um psicótico delirante que se dizia Adolf Hitler. Encarando esse psicótico como protagonista não só de uma dinâmica familiar mas de toda uma cultura do século XX, é que Moreno criou um "mundo auxiliar", sustentado pela ação de vários "egos-auxiliares", para que o paciente pudesse viver dramaticamente o seu delírio e tornar, assim, visíveis as tessituras do sonho coletivo que caracterizou todo esse período histórico: o desejo de conquistar o mundo. Moreno evidenciava então, uma concepção de loucura mais radical e questionadora da psiquiatria tradicional do que a que seria formulada na Inglaterra tempos depois[8].

---

(8) Para uma compreensão melhor do que estou dizendo aqui, recomendo a leitura do protocolo clínico referido, bem como da breve análise que fiz do mesmo na edição brasileira do livro *Fundamentos de Psicodrama* de J.L.Moreno, editado pela Summus Editorial em São Paulo, em 1983. O protocolo clínico é a quinta conferência do livro; a minha análise é a apresentação da edição brasileira.

Mas este é apenas um exemplo das muitas genialidades de Moreno. Que ocupa um lugar central nas controvérsias, sempre instigantes, que cercam e sempre cercaram esse meio-farsante, meio-gênio, mas sempre marginal, criador do psicodrama.

Que ele foi um espelho eloqüente das misérias e das grandezas, das mistificações e das glórias que nos atapetam o ser, são testemunhos o desprezo e a admiração concomitante que sempre despertou nos seus contemporâneos. Entretanto, quem o conheceu de perto o descrevia como um homem simples, alegre, que gostava de reunir as pessoas à noite e passar longas horas contando suas histórias. Na única ocasião em que estive em Beacon, e ele já estava morto, pude ver o respeito e a reverência que todos dedicavam à memória daquele que designavam simplesmente como " The Doctor ". Com tudo isso, a verdade é uma só: se ele não tivesse nascido, todos nós, terapeutas, neuróticos, loucos, educadores etc. teríamos perdido a chance de vislumbrar alguns clarões – *fundamentais e únicos* – no seio dessa imensa escuridão que envolve nosso universo comum. Não é razão mais do que suficiente para festejar e enaltecer o fato de ele ter um dia existido?

O HOMEM MORENO

CAPÍTULO II

O CENTENÁRIO DO MESTRE

Dalmiro M. Bustos

Percorri trinta anos de minha vida antes de conhecer J.L. Moreno. Nasci na cidade de La Plata, Argentina, no dia 9 de outubro de 1934. Nesse ponto ainda não sou moreniano: não mudei nem o lugar nem o dia do meu nascimento (Moreno diria: recriar). Formei-me em Medicina em 1956 e decidi viajar para os Estados Unidos, onde morei durante cinco anos. Fui residente em Psiquiatria Dinâmica, com orientação analítica.

Os grandes mestres mencionados na época eram Slavson e Erickson, entre outros. De Moreno, ouvi falar pouco e não me interessou, apesar de eu morar perto de Beacon.

Voltei para a Argentina em 1962. Casei-me e comecei a aprofundar meus estudos de psicoterapia verbal, com orientação psicanalítica, tanto no aspecto individual quanto no de grupo. Aí, meus mestres eram – através do Dr. Fontana – Bion e Melanie Klein.

No ano de 1964, viajei para Londres, para participar do VI Congresso Internacional de Psicoterapia. A estrela era Anna Freud. De passagem por Paris, Rojas-Bermúdez mencionou que Moreno estava fazendo um congresso nessa cidade. Curioso, decidi participar, sem saber as conseqüências desse encontro. Assisti a uma sessão, onde Moreno dirigia um casal, assistido pela Zerka, sua esposa, e Anne-Ancelin Schutzenberger. Impressionou-me o que vi, mas não gostei muito de Moreno. Achei-o maníaco. Claro que, visto por um pacato argentino, o irreverente e nada solene mestre me parecia louco.

Mas a pulga ficou atrás da orelha. Fiz uma formação na Associação Argentina de Psicodrama.

Meu Primeiro Encontro

No ano de 1969, Moreno assistiu ao Congresso de Psicodrama em Buenos Aires. Eu me desempenhava como secretário científico. A partir do meu bom manejo do idioma inglês, foi-me encomendada a tarefa de me comunicar com Moreno e, mais freqüentemente, com Zerka. Moreno estava visivelmente cansado, não se sentia bem. Homenagens eram oferecidas – ou impostas – a ele. Uma delas era um passeio pelo Tigre, no iate presidencial. Eu falei isso com ele. Olhou-me com gesto resignado e disse: "Por favor, diga ao Bermúdez que agradeço muito, mas que levem em conta que já não sou jovem e que tentem não me matar antes da hora. Homenagens também matam".

Olhei para ele, era tão compreensível o pedido! Por outro lado, os contatos importantes já tinham confirmado a presença de Moreno no passeio. Comecei a ir e voltar.

Descobri que, apesar de ele ter recriado seu nascimento como tendo sido navegando no rio Bósforo, Moreno detestava água. A partir de então ele me chamou de diplomata.

Depois do Congresso, comecei a viajar periodicamente a Beacon, até me formar como diretor no "Instituto".

Moreno, em Beacon, era outra pessoa. Em 1969, aos oitenta anos, tinha dificuldades em caminhar, devido ao excesso de peso, mas sempre era jovial e bem humorado. Era autoritário, não pedia, mandava; e quando ficava bravo era terrível. Ele ia pouco ao teatro. Morava numa casinha confortável porém modesta. Um grande parque a cercava e um trilho de cem metros a separava do teatro e da residência dos estudantes.

O teatro era grande, com um cenário com três níveis, além da galeria dos deuses. Uma escada, atrás do cenário, conectava o teatro com a residência dos estudantes, onde reinava Queeny, uma antiga enfermeira da época em que Beacon era um sanatório. O edifício datava do começo do século, doado por Mrs. Franchot Tone, antiga paciente e mãe do conhecido ator desse nome. Era um prédio velho, mas não era sombrio, talvez porque tantas amizades profundas nasceram ali. No inverno, a calefação fazia um barulho infernal. Tínhamos três sessões diárias: de manhã, depois do almoço e a sessão vespertina dirigida por Moreno, quando ele podia locomover-se. Não sendo assim, todos íamos para a casa dele e conversávamos com ele. Moreno se mostrava sempre alerta, atento e inteligente, especialmente com as mulheres. Era rápido para começar uma paquera, apesar do olho sempre vigilante de Zerka, sua terceira esposa.

Aos sábados, a sessão vespertina era aberta à comunidade e pessoas de fora podiam assistir. O teatro que Moreno tinha em Broadway fechou no começo da década dos setenta. Zerka não podia manter o controle de tantas estruturas, o Moreno Institute, Beacon House – a editora – e o teatro em Manhattan. Aos poucos, Moreno ficava mais e mais dependente de Zerka e a tiranizava muito. Apesar da nossa grande amizade, poucas vezes a ouvi queixar-se, e ela sempre cuidou dele com amor.

Moreno tinha chegado aos Estados Unidos em 1925, mas não foi para fazer psicodrama nem para fugir do nazismo, como muitos dizem. Viajou contratado por uma empresa, para desenvolver uma descoberta que o múltiplo talento de Moreno tinha feito: uma fita de aço, reprodutora de imagem e som, precursora do video-cassete. Em 1925!

A primeira impressão que ele teve dos Estados Unidos foi negativa. Achou os americanos pacatos demais, acostumado ao fato de que, na Europa, os intelectuais tinham que ser excêntricos. A rigidez e o moralismo americanos o assustaram. Ele era tido como louco.

E excêntrico ele era. Nada convencional saía de sua boca, dava respostas inesperadas, com muito humor e irreverência.

Uma vez eu questionei se Buber não teria escrito a respeito do conceito de encontro antes dele. Olhou furioso para mim.

"Zerka, gritou, procura a revista Daimon de 1923!".

Demonstrou-me que eu estava errado.

Muitas das atitudes dele eu via na época como paranóicas.

Hoje vejo como esse nome escondia minha ignorância, como não chegava a compreender o tamanho de sua genialidade. As afirmações que eu julgava produtos de sua paranóia estão-se provando verdadeiras com o decorrer dos anos. Disse-me, certa ocasião, que antes do fim do século todas as comunidades estariam usando o psicodrama para diversos fins comunitários. Hoje isto está acontecendo.

Numa outra ocasião, disse-me que não limitara o uso do psicodrama ao consultório de psicoterapia: "é como usar um jato para ir até a esquina".

Felizmente esse jato está voando alto através de experiências como as que Ronaldo, Vânia, Regina e Carlos – desculpem se involuntariamente esqueço de alguém – estão desenvolvendo na Praça da Sé, em São Paulo, para trabalhar, com uso do sociodrama, o grave problema da AIDS. Em Buenos Aires, descobri um grupo de pessoas fazendo psicodrama "silvestre", em trabalhos de conscientização democrática. Hoje eu os estou ensinando a manejar elementos de psicodrama para esse fim.

O psicodrama já foi absorvido pela comunidade. Os elementos que ele criou pertencem ao mundo. Esse é o maior triunfo que uma teoria ou técnica podem ter. Talvez dentro de algum tempo poucos se lembrem do genial mestre, mas o psicodrama estará sempre, como uma conquista, a serviço da humanidade.

Estive com Moreno pouco antes da sua morte. Foi-se apagando lentamente, esqueceu a língua inglesa e só falava em alemão com Zerka. Foi cremado e suas cinzas colocadas num cofre com a seguinte inscrição: "Quero ser lembrado como quem levou a alegria para a Psiquiatria". Não tenho dúvidas disso. Só que será lembrado por muito mais do que isso.

Deixou nas nossas mãos elementos riquíssimos para usar em benefício do nosso povo. A América Latina ferve de ódio diante das injustiças. A miséria chega a camadas da população que antes não a sofriam. Precisamos de todas as nossa forças para poder crescer, criando espaços de reflexão e compromisso. Assim fazendo, estaremos prestando a maior homenagem ao nosso querido mestre.

CAPÍTULO III

MEMÓRIAS DE BEACON E OUTRAS MEMÓRIAS[1]

José Fonseca Filho

Dedico este trabalho a Nicola Giannini

Beacon é uma pequena cidade ao lado do rio Hudson. Lá existe, como em todas as cidades americanas deste tipo, a Main Street (Rua Principal) com um reduzido comércio. No mais, são casas amplas e ajardinadas. É uma cidade dormitório de luxo. Muitas pessoas trabalham em Nova Iorque e moram em Beacon.

Tomo o trem (Hudson Line) na Grand Central Station em Nova Iorque, e uma hora e meia depois, chego à estação ferroviária de Beacon. Espero um pouco e tomo um dos dois taxis da cidade. Desço em frente ao Instituto Moreno. É um belíssimo lugar com jardins muito bem cuidados e árvores enormes. Logo após a entrada, vislumbra-se uma pequena construção em madeira, que dá abrigo à Beacon House, editora dos Moreno. Logo atrás, fica a própria casa dos Moreno. Zerka e seu marido Merlin estão viajando. À direita de quem chega, fica a grande e velha (cerca de 150 anos) casa de madeira, típico estilo americano, com uma grande varanda na frente. Aqui funcionou o Hospital e mais tarde o Instituto de treinamento em psicodrama. Os quartos individuais, antes ocupados pelos pacientes, passaram a ser dos estudantes[2].

(1) Relato baseado em anotações de viagem, em julho de 1979.

(2) Esta construção foi demolida, dando origem a várias residênciais. A casa de Moreno, porém, permanece no mesmo local.

Sou recebido pela Sra. Ann Quinn, que aqui trabalha há mais de vinte anos. É uma senhora de cabelos brancos, muito falante, e administra o Instituto. Foi enfermeira do antigo Hospital. Conta-me que trabalhavam seis médicos. Moreno não gostava de eletrochoques mas os outros médicos os prescreviam, quando os julgavam necessários.

Aos poucos, vou conhecendo os companheiros de treinamento: Ugo, ator ítalo-americano; Jerry, psicólogo-administrador americano; Simone, psicóloga belga; Annalysa, jovem terapeuta ocupacional finlandesa; Natalie, pedagoga americana; Eliave, "sabra" (nascido em Israel), ator, mas atualmente trabalhando com grupos; Beatrice, psiquiatra e psicanalista egípcia, radicada em Londres; Rocio, psicóloga madrilenha; Louise, bela negra de Martinica, que estudou na Sorbonne; Else, enfermeira alemã radicada nos Estados Unidos. Nos últimos dias de meu estágio, chega Mana, que é brasileira e que trabalha com psicodrama pedagógico em São Paulo. Beacon é uma ONU em miniatura.

O grupo é coordenado por George Baaklini, libanês radicado nos Estados Unidos e assessorado por duas jovens, uma americana e uma iraquiana. Realizam-se três sessões psicodramáticas diárias: das 10 às 12:30 h, das 15 às 17:30 h e das 20 às 22:30 h. É um ritmo violento que com o passar dos dias vai cansando. O grupo reúne-se, escolhe o protagonista e este o seu diretor, que é qualquer membro do grupo, independentemente da experiência em psicodrama. Previlegia-se a escolha télica e não a profissional. Todas as manhãs faz-se o processamento técnico das sessões do dia anterior. Todos opinam sobre as direções realizadas, especialmente o protagonista, que relata como se sentiu dirigido. Não são permitidas interpretações psicodinâmicas. Beatrice, que é psicanalista, insiste em interpretar as cenas. George, o coordenador, explica que aqui é a casa de Moreno, onde se pretende preservar o psicodrama como era feito pelo seu criador. Deixa claro que, pessoalmente, não tem objeções ao entendimento psicanalítico das cenas, mas que esse procedimento em Beacon não é permitido. Beatrice, com certo desconsolo, aceita.

Com o correr das sessões e a convivência forçada das pessoas (tomamos as refeições juntos, saimos juntos), a sociometria do grupo vaise estabelecendo: atrações, rejeições e neutralidades. Um dos integrantes do grupo é exageradamente obsessivo com horários. Fica de mau humor, repreende o coordenador. Isso gera algum mal estar no grupo. No entanto, a dinâmica grupal não é abordada. Pergunto se as questões sociométricas não são levadas em conta. Respondem-me que uma vez por ano dedica-se um seminário só para estudos sociométricos. Certamente, não me fiz entender...

O grupo é cambiante. Constantemente chegam e saem pessoas. Isto faz com que a dinâmica grupal seja movediça. Não há um relacionamento processual a longo prazo. Claro que desta forma os processos télicos-transferenciais são "sui gencris", talvez fugazes. O grupo semanal processual, que se reúne durante um longo tempo e com pouca variação dos integrantes, mostra-se de outra forma quanto à sua sociometria. Moreno fez muitas observações, minimizando a importância da transferência no processo psicoterápico. Possivelmente, todavia, suas observações referem-se ao tipo de grupo que se realizava em Beacon, primeiramente com os pacientes internados e com os que retornavam para consultas e, posteriormente com os alunos. Não teve Moreno a experiência com grupos estáveis onde o processo transferencial se torna mais nítido. Na verdade, Moreno propunha mais uma psicoterapia-momento do que uma psicoterapia-processo. Seus casos clínicos (protocolos) demonstram que se enquadram melhor como psicoterapias breves do que como psicoterapias processuais longas. E é sempre nesta perspectiva que Moreno fala dos aspectos transferenciais psicoterápicos.

Em uma noite exibem-se filmes de Moreno. Pena que sejam gravações muito antigas. No final da década de 60, Moreno já não dirigia psicodrama. Chamou-me a atenção um filme gravado no Congresso Internacional de Psicodrama, em Paris (década de 60). Moreno já aparece bastante idoso, dirigindo, com muito humor e simpatia, um psicodrama de casal. No entanto, em minha opinião, ele fala demais durante as cenas e atropela os protagonistas.

Andando por entre as árvores centenárias de Beacon fico me perguntando o que teria trazido Moreno para cá. Preferiu isolar-se no campo a permanecer em um grande centro. É certo que semanalmente, durante anos a fio, dirigia a sessão aberta (Psicodrama Público), no Teatro Terapêutico da cidade de Nova Iorque. O fato de ter escolhido esta cidade para sede e de publicar seus livros através de uma pequena editora própria, não teria prejudicado a divulgação de sua obra e de seu trabalho[3]? O próprio Moreno, no final de sua vida, dava demonstração de estar de-

---

[3] René F. Marineau não compartilha desta idéia. Refere que apesar de localizado em Beacon, Moreno mantinha intensa comunicação com centros universitários americanos. Ressalta, ainda, que o hospital psiquiátrico de Beacon propiciou a Moreno o laboratório que almejava para a aplicação do psicodrama em doentes mentais.

cepcionado com a repercussão de sua obra. Em uma conversa com Pierre Weil (descrita por este último no prefácio da edição brasileira do livro Psicoterapia de Grupo e Psicodrama de Moreno), Moreno sugere que teria fracassado. Weil procura demovê-lo desta idéia, mas não consegue. De qualquer forma, Moreno deixa claro, a certa altura de sua vida, que esperava serem suas criações mais importantes que as de Freud e Marx. Diante desse ideal de ego (perdão, Moreno, pela interpretação), a realidade pode ser mesmo decepcionante e o que seguramente não é um fracasso pode soar como se o fosse.

Chega sábado. É dia de Sessão Aberta (Open Session). À noite, abrem-se as portas externas do Teatro Terapêutico e a platéia começa a chegar. A maioria das pessoas é constituída por jovens universitários, alguns psicólogos da cidade de Nova Iorque, que depois se juntam ao nosso grupo para jantar e alguns veteranos de guerra do Vietnã. São dez ou doze pessoas mais o grupo de alunos. George Baaklini dirige a sessão. Um jovem universitário é o protagonista. No momento de maior emoção, o rapaz sai correndo do palco, atravessa a platéia e vai chorar, escondido pela noite, nos jardins. Dois colegas vão buscá-lo. Depois de algum tempo retorna mais calmo, mas não aceita continuar a dramatização. Então, procede-se ao "sharing".

Há algo em alguns psicodramatistas, especialmente da escola americana, que não me cai bem. Refiro-me ao fato de provocarem um exagerado transbordamento emocional, levando o psicodrama mais para o espetáculo do que para a psicoterapia. Lembram-me mais pregadores do que psicoterapeutas. É possível que esta idiossincrasia repouse em elementos de minha personalidade, mais comedida e introvertida, e em meu modelo médico (reconheço que esta fundamentação apresenta pontos positivos e negativos) que, às vezes, propõe a dramatização como um ato cirúrgico. Acredito que o psicodramatista mais afeito ao trabalho com grupos grandes, e sem a preocupação com um processo psicoterápico a longo prazo, tenha uma dimensão social mais presente em seu trabalho. Leva mais em conta a platéia. Psicodramatistas mais acostumados a pequenos grupos, em longo processo psicoterápico, tendem menos a grandiloqüência. De qualquer forma, questiono os trabalhos psicodramáticos que bordejam o histriônico, muitas vezes chegando ao histérico.

Boas amizades vão se fazendo nesta "ONU". Vamos comer pizza em "Cold Springs", uma pequena e tradicional cidade da região.

Depois nos dirigimos para a beira do rio Hudson, de onde se avista Beacon a um lado, e a outro West Point (onde existe a famosa academia militar). Cantamos canções dos diferentes países de onde procedemos. Ao longe, um casal de namorados toma champanha e escuta. Quando paramos de cantar, eles pedem: "Por favor, continuem!".

Meu período em Beacon terminou. Estou em N.Y. com James Sacks. Em 1970, no tão falado V Congresso Internacional de Psicodrama, em São Paulo, no MASP, James conhece uma carioca e casa-se depois com ela. Esse casamento terminou recentemente (estamos em 1979). Ele fala muito da ex-esposa brasileira. Está curtindo o luto. James é um homem alto, de barbas, cinqüenta e poucos anos. Traja-se com vestígios da era "hippie". Encontro-o em Grenwich Village e conheço seu consultório: mobília velha, um divã, livros, paredes sujas, uma lareira, um pequeno tablado de três níveis, estilo rococó, encostado na parede. Os palcos americanos seguem o modelo de Beacon, que possui um teatro clássico, tipo elisabetano. A platéia fica de frente para o palco, que é encostado a uma das estremidades do teatro. Na América do Sul, o modelo mais seguido é o do teatro de arena em que a platéia fica ao redor do palco. Freqüentemente não se usa nem o tablado, sendo o palco e espaço virtual no meio do grupo. Saímos a procura de um restaurante brasileiro, o "Feitiço do Village", mas estava fechado. Almoçamos, então, em um restaurante hindu. Falamos de muitas coisas. Jim é um bom homem, muito sensível e despojado. Trabalhou com Moreno durante quinze anos e diz que não conseguiu conhecê-lo como pessoa. Moreno seria um homem estranho, individualista e muito fechado. Era muito difícil, segundo Jim, manter uma relação igualitária com ele.

Agora, estou do outro lado dos Estados Unidos, na Califórnia, no Esalen Institute. David Schiffman é o coordenador do grupo do qual participo. David diz que a tendência atual em psicoterapia de grupo é o ecletismo de técnicas. Usa a gestalt-terapia como eixo central de seu trabalho, mas lança mão do psicodrama, da bioenergética e de outras técnicas de ação. A psicoterapia de grupo verbal é coisa do passado, diz ele. Um de seus mestres é William Schutz, grande admirador da obra de Moreno. Eu também estive em Beacon, diz David. Na década de 50 e 60 e mesmo em 70 todos os trabalhadores grupais passavam obrigatoriamente pelo NTL (National Training Laboratory), em Bethel, onde trabalhava Kurt Lewin, e por Beacon. Assim, a influência de Moreno foi enorme nos psicoterapeutas grupais americanos, mas nem todos se transformaram, obrigatoriamente, em psicodramatistas.

Ainda na Califórnia, em Berkeley, visito Dick Corn em sua casa. É psicodramatista e professor de psicologia na Universidade de Berkeley. Seu filho de uns catorze anos me recebe. Depois vêm Dick e sua esposa alemã, Eva, também psicodramatista. Dick é caloroso, careca, de barbas. Usa um medalhão pendurado no pescoço. Pergunta sobre minha formação e passa a discorrer sobre seu trabalho e sobre Moreno. Costuma fazer várias entrevistas iniciais com o cliente, levantando os conflitos básicos, dentro de uma perspectiva de psicoterapia breve.

Junto com sua equipe de egos-auxiliares prepara o psicodrama do paciente como se fosse uma peça de teatro. Montam um "script" básico que vai se desenrolando de acordo com as variações do protagonista. Relata o caso de uma moça que apresentava um sonho repetitivo. Ela se vê com cerca de catorze anos, banhando-se em um rio. Aparecem três homens nus e sem rostos. Ela fica apavorada. Nesse momento, entram três egos-auxiliares já preparados para as eventualidades psicodinâmicas da cena.

Dick compara esta abordagem como a colocação de dinamite em rocha. Prefere trabalhar assim a realizar psicoterapias processuais a longo prazo. Recebe muitas pessoas que se submeteram a psicoterapias longas sem resultados. Ressalva, porém, que Zerka Moreno não gosta deste tipo de psicodrama.

Dick narra um episódio interessante acontecido em San Francisco. Moreno foi convidado para conferências e psicodramas públicos. Ele já estava bastante idoso. Dick acrescenta que foi uma ocasião especial pois foi o reencontro de Moreno com Fritz Perls. Perls trabalhara com Moreno logo ao chegar aos Estados Unidos, na década de 40. Brigaram porque "ambos não eram flores que se cheirassem" (referindo-se ao gênio dos dois). Perls e Moreno permaneceram muito tempo afastados. Relembro-me, neste momento em que escrevo, do depoimento de Ilana Rubenfeld (psicoterapeuta americana), anos mais tarde, contando-me dos congressos em que Perls e Moreno discutiam sobre a criação da "hot seat" (técnica da "cadeira vazia"). Ambos julgavam-se criadores da técnica. Voltando à narrativa, Moreno está no palco e Fritz Perls, com alguns seguidores, na platéia. Termina a apresentação, o público retira-se aos poucos mas Fritz permanece. O grupo de psicodramatistas teme por mais um confronto. Moreno desce do palco e se depara com Fritz à sua espera. Os dois se olham e se abraçam emocionados.

Esta viagem me traz um Moreno mais real, menos mito. Conheci-o pessoalmente em Buenos Aires, em 1969, durante o IV Congresso Internacional.

Era uma bela figura. Um grande e gordo velhinho, pleno de energia e entusiasmo. As palavras que proferia em espanhol vinham fluentes e bem pronunciadas. Pergunto-me agora se, na Romênia, sua família não falaria o ladino (espanhol antigo, da época da Inquisição) como muitas famílias sefarditas[4]. Elias Canetti, o grande escritor búlgaro, sefardita como Moreno, conta que sua língua materna foi o ladino. Porém, naquela época (1969), eu não tinha esses conhecimentos para formular questões sobre suas origens, e era tímido o suficiente para apenas admirar Moreno à distância[5].

---

(4) René F. Marineau confirma esta hipótese.

(5) As notas de rodapé são baseadas no livro (lido após a redação do artigo): "Jacob Levy Moreno – 1889-1974 – Father of Psychodrama, Sociometry and Group Psychotherapy", de René F. Marineau. Tavistock/Routledge. London and New York. 1989. Dada a importância das referências de Marineau, resolvi mencioná-las.

CAPÍTULO IV

MESA REDONDA DOS MEUS OBJETOS QUE TÊM A VER COM MORENO

Luiz Cuschnir

O autor descreve uma "dramatização", que chama de "mesa redonda", onde participam objetos que fazem parte de seu acervo particular. Esse material vem sendo recolhido desde que esteve pela primeira vez no Instituto Moreno, World Center of Psychodrama, em Beacon, Nova Iorque, E.U.A., em 1973. É aí que se dá o encontro do autor com o Dr. J. L. Moreno. A coleta do material continuou através de correspondências e de outro estágio posterior, no mesmo Instituto, em 1981.

Inicialmente, há uma auto-apresentação do autor e se vai instalando o clima para uma "dramatização", com um aquecimento ("warning up", preparação para uma cena dramática), quando, já no papel de "coordenador" da mesa-redonda, enumera os objetos.

Fazem parte dessa amostragem: cartas, revistas, fotografias, folhetos, filmes e discos, de várias fases da vida de Moreno e do Psicodrama.

Na seqüência, o autor promove "inversões de papel" (técnica psicodramática onde um desempenha o papel do outro), com cada objeto. No lugar de cada um, descreve a si como se fosse aquela fotografia, diploma etc., ou usa também o texto que o material contém para se apresentar.

O leitor, após o contato com este trabalho, tem um "pout-pourri" de situações que ilustram o criador do Psicodrama e seu universo.

Coordenador

Meu nome é Luiz Cuschnir. Tenho 39 anos.

Sou psiquiatra e psicodramatista.

Casado com Sumi Haru e pai do André e da Adriana.

Esta cena ocorre aqui em São Paulo, em minha sala. Estou perante objetos, fotos, cartas e livros, guardados dentro de mim e muito bem fora de mim, intransferivelmente, e não reproduzíveis ou xerocáveis.

Vou montando a cena, um a um, de acordo com a sua importância e seu significado.

Escolho alguns para se destacarem, para fazerem parte deste texto, para a comemoração dos 100 anos do nascimento deste grande homem, Jacob Levy Moreno.

Cada um vai sendo posicionado, já com o aquecimento específico de qual tema vai protagonizar.

O clima da mesa-redonda vai se configurando.

A biografia religiosa vai assumindo seu ar de ancestral de anos longínquos, de atavismo remoto.

Depois Moreno, lado a lado de seu busto, rodeado por outras fotos dessa mesma escultura, ladeadas por outra de Zerka, e eu, num tom mais informal.

Em seguida, Moreno saudando a quem o fotografa e a todos os estudantes que o aguardam para o jantar que seria sua última visita ao "Students House" (Casa dos Estudantes) do Instituto Moreno, em Beacon.

Depois, uma foto do grupo dos estudantes, gente de vários cantos do mundo, que juntos, em novembro e dezembro de 1973, participam comigo, da primeira vez que estive no World Center of Psychodrama.

Aí vem a placa afixada na porta dos fundos (em relação a nossa casa) do anfiteatro, local sagrado, contexto único para representar todos os contextos e todos os encontros.

Meus olhos se voltam para as minhas fotos com J.L., o "Doctor", como o chamavam lá. Trago à minha memória todos os meus temas dessa minha fase de vida. E desse encontro, neste escritório, relembro que, sem dúvida, era um momento divino, único, com o Pai.

Ao lado, com um ar bem formal, vem o jornal, que comunica um assunto muito delicado – o desligamento de Bermúdez, revelando um aspecto particular de Moreno.

Depois Jonathan Moreno, o filho verdadeiro, suas fotos e seu diploma. Objetos que recolhi em correspondência pessoal com ele e na minha segunda estada em Beacon, no último período de treinamento do Instituto Moreno, em dezembro de 1981.

No ano seguinte, o Instituto já passava a fazer parte de uma fundação (Horsham Foundation).

Ainda das minhas correspondências, retiro as regras básicas para uma formação completa do Instituto. Elas sempre me norteiam quando percebo uma confusão entre espontaneismo e espontaneidade, entre caos e adequação, entre papel e contra-papel.

Empilhados, há três exemplares de revistas que pertenceram a Moreno, com sua rubrica. Coisas interessantes vão aparecer.

Há também um papel mais grosso que anuncia a "Carta Mágica do Psicodrama". Uma maneira resumida e simples, demonstrando seus meandros, funções e metas.

Chegando quase ao fim, relaciono filmes de Moreno dirigindo sessões, onde o vejo mais jovem do que quando o conheci. Junto, vem uma carta que muito me toca, me entristece, mas também me dá forças para seguir: Zerka agradecendo os pêsames, quando da morte de Moreno.

E, encerrando, vou me encontrar com ele me dizendo coisas, com sua vibração e intensidade, no disco "Words of the Father".

Aquecido.

Vamos começar. Na mesa, um silêncio total. Tomo o lugar do primeiro. E vou invertendo com cada um.

Autobiografia religiosa

Sou uma nota de uma autobiografia religiosa. Estou incluída num livro sobre religião e diferentes colocações de pensadores e filósofos. Moreno diz:

"Tenho sido perguntado freqüentemente se fui guiado por algum modelo no desenvolvimento de meus pensamentos religiosos e conduta... Não penso entretanto, que algum de meus intérpretes foram apurados suficientemente em conhecer minhas modificações. Sim, se eu tivesse morrido com 22-23 anos de idade, ninguém saberia do Moreno religioso."

"Todos os meus intérpretes não seguiam um simples caminho que minha vida tinha e que terminava com meu livro "Das Testament des Vaters", em 1920, proclamando eu mesmo como criador do Universo..."

"Em vários lugares, o ano do meu nascimento é dado como 20 de Maio de 1892. Eu não tenho uma certidão de nascimento e é possível que eu tenha nascido em 1889 ou 1890, comparando minha idade com aquela que me segue, minha irmã Vitória. O nome de meu pai era Moreno Nissim Levy. Meu primeiro nome foi Jaques ou Jacobo, escrito por inteiro como Jacobo Moreno Levy, depois diminuído para J.L.- Moreno nos E.U.A...."

"Os dois primeiros eventos de minha vida que relatam minha consciência de Deus tomaram lugar quando eu tinha 4-5 anos, ao redor de 1895."

"Eu ia a uma escola bíblica para judeus sefardins e foi quando me ensinaram hebraico e li pela primeira vez o livro "Genesis", a primeira parte do testamento hebreu. Acabo de ver, frente a mim, as palavras *"Brechit Adonai Eloeinu Adonai Echad."* O professor era um velho rabino, seu nome era Beguireanu, com longa barba branca de costume."

"O segundo evento foi tornar-me Deus, brincar de Deus, numa tarde, quando as crianças da vizinhança juntaram-se no porão da nossa casa. Proclamei às crianças que eu era Deus nos céus e eles eram meus anjos... no topo havia o trono de Deus, onde sentei. Os anjos estavam dançando e voando. Um dos anjos me ensinou a voar como eles. Eu elevei meus braços, voei através do espaço, caí e quebrei meu braço direito..."

"Minha testemunha mais importante era, é claro, minha mãe, que veio rapidamente me ajudar no tratamento do meu braço quebrado. Minha mãe repetidamente declarava que esta era uma verdadeira história. Muitos dos meus tios e tias, e alguns de meus primos que estavam entre as crianças, recordaram a verdade do evento até bem idosos...

Minha mãe freqüentemente referia-se a estas brincadeiras infantis nos últimos dois anos de sua vida..."

"Eu achei que fui levado a um cigano para tratar o braço quebrado e isto teve um grande efeito em mim. Acreditava que era um caso especial, que eu era Deus, e que Deus tinha me permitido brincar de Deus e também que aquele que brinca de Deus é punido por sua audácia... Qualquer um pode facilmente imaginar que é uma neurose, uma imaginação infantil, um absurdo, uma besteira, ou uma fantasia insana. Mas eu a tomei seriamente..."

"O próximo passo, depois de brincar de Deus na casa perto do Rio Danúbio, tomou lugar entre 1907 e 1910 nos jardins de Viena. O aspecto mais característico deste período era o anonimato. Minha insistência era que nenhum relato seria feito daquilo."

"Deveria permanecer em silêncio, compartilhado com meus companheiros que fundaram comigo a religião do Encontro... No grupo havia eu... Chaim Kelner, um "hassid" de Chermavitz Bucouína, doutor em filosofia... afetuoso e humano com uma face de querubim... ficou sem comer enquanto doente de tuberculose. Voluntário como soldado na I Grande Guerra, morreu nela tentando curar um menino. Jan Pheda, de Praga... alto, magro, ascético, flor da juventude checoslovaca. Hans Brauchbach, vienense, médico, depois se mudou para a Rússia e desapareceu. Andreas Pelho pertencia ao segundo círculo... homem sensual e polígamo... tomou conta de crianças com déficit motor."

"Nós todos usávamos barba e nunca ficamos parados. Andávamos, andávamos, andávamos, parávamos qualquer pessoa que encontrávamos no caminho, dávamos as mãos, falávamos a estas pessoas. Éramos todos pobres, mas dividíamos tudo que tínhamos – nossa pobreza. Todos se envolveram na morte durante a I Guerra – permaneci sozinho para seguir".

"O terceiro passo do meu período de escritos religiosos, dizia respeito ao milagre da minha vida que durou de 1911 a 1924... O chamado segredo que estas palavras inspiram é o convite para o encontro, em realidade, face a face, não num papel, na nossa casa, ou na nossa rua, onde quer que você esteja. Mais importante que a ciência são os resultados. Uma resposta provoca cem perguntas. Mais importante que a poesia é o seu resultado. Um poema invoca cem atos heróicos. Mais importante que o reconhecimento são os seus resultados. O resultado é dor e culpa. Mais importante que a procriação é a criança. Mais importante que a evolução da criação é a evolução do criador. No lugar dos passos imperativos do imperador, o lugar dos passos criativos do criador. Um encontro entre dois, face a face..."

"Eu era provavelmente o primeiro homem na história a anunciar o Deus-Pai e suas regras e a falar diretamente para nós... Aqui estava ele de novo para ficar. Deus pode tomar várias formas, personificar-se em vários cultos, mas a essência sempre é a mesma..."

"Qualquer um pode declarar-se o Deus-Pai porque ele está em todos nós. Ele não precisa de um embaixador..."

"Portanto declarar-me e formular-me Deus-Pai, numa maneira humilde... é de nenhuma maneira absurdo ou provocativo. Pelo contrário, é a expressão natural da maior forma de realidade. Absurdo é somente minha intervenção nisso. "The Words of the Father" não zomba de Deus, zomba de mim. Quem sou eu para atrever-me a encarná-lo e retratá-lo? Isto é absurdo e insano. Posso ser desculpado por este crime?..."

Para quem não teve contato com "As palavras do Pai", vai entender melhor do que se desculpa aqui, quando meu colega de mesa fala com a voz de Moreno, ele mesmo, em um disco.

Moreno, seu busto e outras fotografias

Sou uma foto onde Moreno está ao lado de sua própria escultura feita em 1972. Mostro seu semblante totalmente em negro, mais jovem, fixo em um pedestal de madeira natural. Lado a lado dela, posa para o fotógrafo que vai produzir um cartão postal com sua definição de Encontro, registrada atrás deste:

"Um encontro de dois:
Olho a olho,
face a face.
E quando você estiver perto,
eu arrancarei seus olhos
e os colocarei no lugar dos meus.
E você arrancará meus olhos
e os colocará no lugar dos seus.
Então eu olharei para você
com seus olhos.
E você me olhará com os meus."

Sabem, eu não me importo tanto com o que vai parecer ou aparecer, mas muito mais o que vai significar.

Mostro o olhar de Moreno, sua expressão é profunda, um pouco irônica e sábia. Não se importa com críticas, põe seu paletó xadrez por cima de um pijama.

Ele terá ido embora, mas muitos vão poder chegar perto dele e o abraçar e acariciar, o "Encontrar", como nesses outros momentos, aqui, com Zerka Moreno e Luiz Cuschnir. Estará, por alguns anos pelo menos, lá no teatro, junto aos que vão, no Instituto, vivenciar o Psicodrama.

Fotografias de um jantar com Moreno

Estou mostrando a última vez em que Moreno sai de sua casa, onde vive com Zerka, e que abriga também os escritórios do Instituto. Moreno aceitou o convite dos estudantes, que queriam propiciar um jantar especial a ele, o Mestre.

Preparou-se com seu terno branco, impecável. Afinal, é o "Doctor", para todos aqui.

É mesmo um pouco vaidoso.

Olhem só como entra, com esse "chapeuzinho maneiro". Está animado.

Este grupo de estudantes é também especial. Todos se arrumam e colocam uma mesa com toalha branca, com velas e tudo. Anath Garber, de Nova York; Elizabeth ("linda garota", para Moreno), de Washington; Ann Hale, que respondia pelo "staff", quase diretora em Psicodrama; Ted, cowboy do Texas; Bob (obeso) e Ildri Guinsburg, casal simpático, acho que de Pittsburg; Heiner, da Alemanha; Tylak, o negro da Indonésia; Eynia Artzi, de Israel; Michael, de Vermont, que aqui está residindo e trabalhando; Peter, de Nova York, que é assistente social; e esse é o Luiz, o brasileiro que está me apresentando. É uma homenagem que eles estão fazendo para Moreno. Para eles é um jeito de variarem um pouco a rotina do estágio. Afinal horários e regras é o que não faltam, são três sessões por dia de duas horas e meia, direto, sem fins de semana... Tudo estipulado, controlado e muito intenso, tenso, vivo. Eles precisam variar um pouco. São muito alegres esses estudantes. Moreno mostra como gosta de vir aqui e de ter esta casa cheia deles, de todas partes do país e do mundo. É o seu projeto socionômico acontecendo.

Fotografia de grupo de estudantes no Instituto Moreno

Aqui está o grupo, conversando um pouco enquanto aguarda a próxima sessão, seja na mesa de refeições, seja na sala de estar.

O fôlego tem que ser grande. O grupo é grande, há dias que temos o número máximo de estudantes que cabem na casa (17). Mas a comida... bom, essa deixa prá lá, nem vamos falar nisso. É só colocar bastante "ketchup", alguns compram refrigerantes na mercearia e muita conversa. Há muita troca, muito o que contar, chegar perto, compartilhar, suprir, estamos todos longe de casa.

Tudo não é tão simples, nem tão fácil.

Está aí presente, constantemente, a sociometria, a sociodinâmica. Estamos convivendo juntos diária e intensamente. Já aqui, revendo uns vídeo-teipes de uma sessão. Agora aqui saindo para umas compras, "downtown". Ali fazendo uma sessão no jardim e não no teatro.

Neste momento, tanto aqui nas refeições, na sala de jantar, como na sala de estar, está atuando a rede sociométrica com as teles negativas e positivas. Há encontros e há rejeições.

Hoje não vamos comer numa mesa só, bem comprida, todos juntos. Um de nós sugeriu que fizéssemos mesas pequenas," para propiciar uma maior intimidade". Estamos aqui à luz de velas, queremos uma intimidade maior conosco, um pouco de fantasia. Também um pouco solitários, estamos longe de nossas vidas. Nos perguntamos muitas coisas...

Placa do Teatro Terapêutico do Instituto Moreno

Sou uma placa de metal, não muito grande, situada na parte exterior, ao lado da porta do teatro terapêutico. Por este local é o acesso das pessoas que chegam de fora, pelos jardins. Há sessões abertas sábado à noite, quando, às vezes, vêm instituições inteiras participar de um psicodrama público.

Este teatro é bem amplo, pé direito bem alto, iluminação variada para dramatizações e várias opções de contextos de trabalhos dramáticos. Quem adentra esta porta vê logo destacado, ao fundo, um palco redondo de madeira (aliás há muita madeira por todo lado). Este palco tem patamares e degraus por toda a sua volta, o que dá a impressão de um grande pedestal, para uma importante dramatização. Acima dele, chama atenção este balcão, que exerce outro fascínio: jogar o papel de Deus, ou qualquer outra entidade. Deste balcão já falaram reis, bruxas, espíritos e fadas. Exatamente do lado oposto, acima desta outra porta por onde adentramos, há outro pequeno balcão, de onde um "Deus" pode se confrontar com outro "Deus". Dele pode-se também fazer sessões onde, nos intervalos, o protagonista pode se rever, ou levar consigo o trabalho de rematrização de sua história.

Este espaço, que alberga grande emoções, muitas lágrimas e

grande alegria, é o que guardo aqui do lado de fora, mirando para esse belo parque, com os seguintes dizeres:

"THE FIRST THEATRE OF PSYCHODRAMA –
FOUNDED BY J.L.MORENO, M.D.
1936
DONATED BY GERTRUDE FRANCHOT TONE"[*]

("O primeiro teatro de Psicodrama. Fundado por Dr. J.L. Moreno – 1.936 – doado por Gertrude Franchot Tone")

Registro do meu encontro com Moreno

É novembro de 1973, escritório de J.L., o criador do psicodrama.

Tudo muito arrumado, os livros e revistas encadernados como uma moldura, nesta foto, para que Moreno possa refletir e fazer os seus solilóquios.

Passa praticamente todo o dia aqui, deste jeito, de pijama, que pode ser o mesmo daquela foto do cartão postal. O Doutor Moreno pode também estar de "robe de chambre" de seda "bordeau" com lapela negra, como nesta outra fotografia.

(*) Mãe do autor Franchot Tone

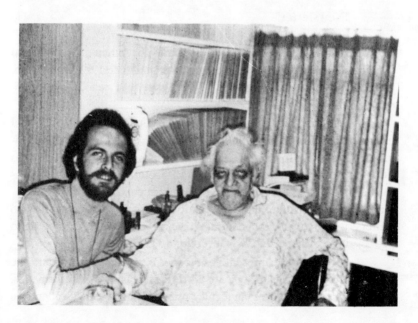

Este momento marca muitas coisas. Foram poucos os brasileiros que aqui estiveram, por tanto tempo e desta maneira, com esta recordação. É também o encontro do antigo com o novo, a sabedoria com a ingenuidade, o que está indo e o que está chegando.

Este "flash" traça, para Luiz Cuschnir, sua trajetória profissional, seu rumo, sua meta. Este jovem terá bem perto esta imagem deste momento, em muitas etapas de sua vida, com muita emoção.

Neste instante, Luiz segura o braço de Moreno e se assegura; ele o beija e recebe a fronte, ele solicita e recebe a pose desse velho médico, de quem vai receber receitas para cozer seus vínculos como terapeuta e como ser humano. Moreno está vestido com seu pijama, na sua intimidade, no seu retiro.

Mas ainda há um significado maior, que transcende o que mostro como fotografia. É a despedida deste velho homem e a lembrança que ele deixa para este jovem homem. Cada vez menos se vê Moreno em outros trajes, fora desse lugar. Ele já se despede de tudo e de todos. Dali a seis meses, ele diz adeus e deixa sua esposa, seu filho, sua obra e psicodramatistas por todo mundo, como foi seu projeto.

"Newsletter"

Gostaria de me apresentar mais detalhadamente. Sou o jornal "Newsletter" vol. 1., Nº 1, publicado em 15 de junho de 1972, em Beacon, New York, por Moreno Academy, World Center of Psichodrama, Sociometry And Group Psychotherapy.

Em uma parte introdutória (tenho 6 páginas), falo do World Center, com suas propostas didáticas, e sobre o cancelamento dos direitos da Associação formada em Buenos Aires pelo Dr. Jaime G. Rojas Bermúdez. Este foi anunciado na revista Psicoterapia de Grupo e Psicodrama, vol. 23, nº 3-4, 1970, pág. 137. Também contenho a carta de Moreno, endereçada ao Bermúdez em 30 de outubro de 1970, com o mesmo conteúdo. Mais adiante, uma outra, retirando seu título de Diretor, dado pelo Instituto Moreno, em 28 de fevereiro de 1963.

Na seqüência, apresento os motivos como: em quase 10 anos de existência da Associação, somente 13 diretores haviam sido formados, todos médicos, 9 diretores em técnica psicodramática (não terapeutas e não médicos) e 10 egos-auxiliares. "Considerando que Buenos Aires é uma cidade de 8 milhões de habitantes e com um grande interesse em psicodrama, é óbvio que há fatores operando que escondem o genuíno desenvolvimento do psicodrama, de acordo com longos relatos de membros dessa Sociedade".

O fator básico é o "manejo autoritário" exercido pelo Dr. Rojas Bermúdez e mostro alguns outros aspectos específicos. Também aponto o ramo da Associação em São Paulo, que não aparece em seu Regulamento e portanto não o autoriza para certos atos.

Também abro publicamente as graves irregularidades com respeito a dinheiro, cobrando somas altas em suas viagens, não permitindo a outros Diretores fazerem-no, tornando-se uma importante fonte de ganhos pessoais.

Comento sobre o Congresso em São Paulo (16 a 22 de Agosto de 1970), onde o "Dr. Bermúdez fornece diploma a estudantes brasileiros, não como presidente da Associação Argentina, mas como Diretor do World Center, o que não é de seu direito, e que foi questionado pela própria Associação".

"O nível científico foi muito baixo, 2.500 participantes e muitas sessões programadas não ocorreram pela organização deficiente."

Além do déficit financeiro de aproximadamente 1.700 dólares, "apesar do elevado valor da taxa de inscrição, que também causou irritação e insatisfação entre todos".

Sobre os grupos de estudos em São Paulo, comento de seu início em 1968 e, até minha publicação, 10 viagens feitas, oito de uma semana e duas de período de duas semanas. Tem aproximadamente 165 estudantes inscritos nos cursos de Diretor e Ego Auxiliar e 60 em técnicas psicodramáticas para professores.

"O Dr. Bermúdez nunca mostrou a sua equipe seu contrato por escrito. Dizia que o pagamento seria através dele."

"Em julho de 1970, os estudantes brasileiros reclamaram a respeito do alto valor do pagamento. O Dr. Bermúdez nem permitia que sua equipe se reunisse com o grupo coordenador dos estudantes, nem os informava do valor pago pelos brasileiros. Como esta informação acabou ventilando, criou-se uma situação considerada não ética."

"Subseqüentemente outras discussões ocorreram, além de

outros relatos da América do Norte e do Sul, que concordavam com os fatos."

Assim mostro o que ocasionava o desligamento do título de Diretor Honorário do Instituto Moreno do Dr. Bermúdez e o desligamento da Associação do World Center of Psycodrama.

Ainda trago repercussões desta situação no congresso em Tóquio, organizado pelo prof. Kohei Matsumura, e a tentativa do Dr. Bermúdez de criar uma nova organização internacional, envolvendo outros, como os Drs. Schutzenberger, Sivadon, Sarró, Knobloch e Elefthery.

Para finalizar este "jornal denúncia", trago um telegrama de 28 de Maio de 1972, de Schutzenberger para Moreno, onde mostro sua desistência do Congresso de Buenos Aires, revelando como forma uma frente única, tentando ir contra o Dr. Rojas Bermúdez.

Jonathan, fotos e diploma

Minha apresentação deveria ser em latim, ou um diploma onde meu texto outorga, nesta língua, a Jon, o título de Doutor em Filosofia pela Universidade de Washington, em 20 de Maio de 1977.

Jon é Jonathan David Moreno, filho de Zerka Toeman e Jacob Levy Moreno. Represento um marco na vida acadêmica do único filho deste casamento.

Mas denuncio mais um pouco do que já está em livros, de como foi educado o filho dos Moreno. Ele cresceu, desde o início, com psicodrama, invertendo papéis em discussões com os pais, vivendo o role-playing, dramatizando.

Com este diploma, mostro a determinação e o preparo que Jonathan recebeu, assim como o interesse pelo pensamento do ser humano.

Quando o coordenador desta mesa conheceu Jon, era um adolescente como outro qualquer, não muito mais jovem que ele próprio, vivendo situações muito semelhantes a outros tantos, e com uma sensibilidade e afetividade de alguém muito próximo e acessível.

Jon se formou quatro anos depois de Moreno morrer.

Poderia ter sido um orgulho para ele comemorar com o filho. Poder também acompanhar sua trajetória, assim como, em 1981, quando ele produziu o seu primeiro livro: "Discurso em Ciências Sociais-Estratégia para a tradução de teorias de doenças mentais".

Será que há alguma dúvida de que Moreno não esteja aqui presente?

Formação psicodramática no Instituto Moreno

Quero me apresentar tal como sou:
"Instituto Moreno
259 Wolcott Avenue
Beacon N.Y. 12508
Tel. (914) 831-2318

Contenho horário de chegada e partida de estudantes, horários de refeições e de liberação das respectivas mesas, horários de início e fim das sessões (em número de três, de duas horas e meia de duração, diariamente, domingo a domingo), além de regras de convívio, como a proibição de bebidas alcoólicas na casa dos estudantes, de fumar no anfiteatro, visitas para passar a noite etc.

À parte disto, para candidatos para o Diploma de Diretor de Psicodrama, Sociometria e Psicoterapia de Grupo:

Requisitos:

1– 960 horas de treinamento como Residentes (créditos são dados quando os transcritos são recebidos de outros centros de treinamentos reconhecidos).

2– Avaliação pela Diretoria, discutida com o candidato, após 500 horas de treinamento.

3– 340 horas de uma prática aceitável.

4– Aceitação, por escrito, da proposta de tema para uma tese (datilografada).

5– Apresentação e aprovação, por escrito, do resumo da tese.

6– Competência demonstrada perante a diretoria em liderança grupal e direção de psicodrama.

7– Apresentação da tese datilografada e aprovação da mesma.

Com estas condições, me mostro para estudantes em formação e professores que tanto relutam em ser avaliados e avaliar. Que Moreno espera disciplina e procedimentos escritos para depois poder aprovar alguém como Diretor. Para isso estão aí as instituições de formação de psicodramatistas, para respaldar ou não as proposições morenianas.

Revistas de Moreno

Somos um trio, três revistas.

Somos distintas em conteúdo, mas temos uma coisa em comum: a inscrição das mesmas palavras na capa, no mesmo espaço, com certeza escritas pela mesma pessoa.

Cheguem perto, e leiam: "Personal copy J.L. Moreno".

Eu, como mais velha (1968), "Handbook of Sociometry", possuo, além dos trabalhos, uma reprodução do prospecto do "1º Congresso Internacional de Sociometria e Psicologia Social", em Praga, Checoslováquia, em setembro de 1968. Nele estão as marcações de Moreno, quando leu a programação.

Já eu, como a revista "Group Psichotherapy Sociometry", trago a homenagem a Moreno em Bad Voslau (Bad é estação termal). Esta é a cidade em que ele viveu entre 1918 a 1925 e tenho episódios típicos deste interessante homem. Foi em 15 de Maio de 1969 que houve uma cerimônia, em frente ao nº 4 de Maital, em Voslau, Áustria. Estavam presentes o Diretor Schon, prefeito de Voslau e diretor do Ginásio, o prof. Ramón Sarró, chefe do Departamento de Psiquiatria da Universidade de Barcelona, o Docente Dr. Raoul Schindler, representando a Sociedade de Grupoterapia e Dinâmica de Grupo Austríaca; Dr. Meyer Gunthoff; Dr. Jahsen, representando o estabelecimento Hoffman, diretor geral da fábrica de tecidos de Voslau (Tecelagem Kammgarn) e outros. Estava sendo dedicada e inaugurada uma placa ao Dr. J.L. Moreno, que tantos serviços prestou aos trabalhadores, à fábrica de tecidos e à cidade.

"Dr. Jacob L.Moreno
Gemeindearzt von Voslau
1918 – 1925
Entwichelte hier
Soziometrie
Gruppen-Psychotherapie
Psycodrama"
(Dr. Jacob L. Moreno
Médico da Comunidade de Voslau 1918-1925.
Desenvolveu aqui:
Sociometria, Psicoterapia de Grupo, Psicodrama).

Defronte a esta placa, num púlpito, com toda a sua eloqüência, largueza de gestos e espontaneidade, Moreno conta passagens muito típicas e humanas, que deixam qualquer um extasiado, quando não em dúvida de estar perante uma grande fantasia.

Quando recebeu seu diploma de medicina, pela Universidade de Viena, resolveu iniciar sua prática no interior da Áustria. Chegou a Kottingbrunn de trem; por dois meses foi o chefe de Saúde Pública desta cidade. Mas, a uns quilômetros dali, havia uma cidade chamada Voslau, onde um dia Moreno encontrou o prefeito de Penksa, que o convidou para ter o mesmo cargo em sua cidade. Ofereceu uma casa confortável e um emprego como médico-chefe na fábrica de tecidos, com bom salário. Já, como médico da cidade, não receberia nada.

Além de outros detalhes, há em meu conteúdo, que Moreno tinha uma idéia fixa, como ele mesmo fala: "não era razoável tirar dinheiro dos pacientes" e assim nunca o fez e isso deve ter contado para a sua popularidade. "Eu tinha mais pacientes do que podia tratar", disse Moreno no discurso. As pessoas vinham de todos os cantos, mas acabavam não vindo de mãos vazias – eram ovos, galinhas, gansos e às vezes, porcos. Ele tinha uma ótima empregada, Frau Frank, uma viúva de Kottingbrunn. Ela dizia: "Doutor, por que você não aceita dinheiro?". Ele respondia:"– Por quê? Eu tenho um salário. Eu tenho uma casa. Eu não sou casado." Ela respondia: – "Não, não, não está certo. As pessoas esperam pagá-lo pelo seu trabalho. Você deveria aceitar o pagamento." Mas ele não o fazia e a gratidão das pessoas era ilimitada. Como a comida, roupas, sapatos, meias e roupas íntimas. E o tempo foi passando.

Uma vez, um velho camponês veio com uma jovem e disse: "Caro Doutor, o senhor me curou de câncer no estômago há muitos anos. Salvou minha vida. Como gratidão, eu lhe trouxe minha pequena filha de presente. Aqui está ela". Moreno a olhou, tinha 16-17 anos. Aparentemente o pai a tinha trazido sabendo que ele era solteiro, para que casasse com ela. E replicou: "Eu lhe agradeço mas não posso aceitar seu presente. Estou profundamente emocionado com a sua enorme gratidão, tão grande é o seu oferecimento para que sua única filha seja minha esposa. Creio que o melhor que o senhor tem a fazer é levar sua filha para casa e esperar até que ela cresça." "Entendi", respondeu o homem e foi embora.

Uma noite, Moreno ouviu um ruído vindo de cima, no segundo andar da casa de onde vivia a Sra. Frank. Subiu e ouviu por fora da porta de seu quarto, tentando saber que barulho era aquele. Abriu-a e viu pilhas de "Gulden, Gulden, Gulden, dinheiro, dinheiro, dinheiro". Perguntou: "O que está acontecendo aqui?". Ela respondeu chorando: "Querido Doutor, quando vi como trabalhava duro e não aceitava dinheiro, e ao mesmo tempo vi todos estes ótimos presentes chegando, eu decidi trocá-los por dinheiro. Assim quando chegar sua velhice, quando não puder mais trabalhar, terá sua cesta de ovos. Todo esse dinheiro é seu". Ele estava aturdido e não podia fazer nada além de agradecer sua bondade e dedicação.

E assim, de acordo com suas palavras, no discurso em Voslau, foi para os Estados Unidos não como um pobre.

Sou a terceira revista, de 1971, mais nova que minhas colegas e com outra identidade. Além da importante assinatura na capa, tenho bem marcado meu título "Group Psychotherapy and Psychodrama – Official Organ of the American Society of Group Psychotherapy and Psychodrama". Tenho vários trabalhos, assinados por vários autores,- além dos de Moreno, Zerka e Jonathan (Filodrama e Psicofilosofia). E tenho algumas outras anotações, com a reconhecível caligrafia de J.L., como no calendário das convenções psicodramáticas:

6º Congresso Internacional de Psicodrama e Sociodrama, Amsterdã, Holanda, Agosto 22-27, 1971.

Seminário de Psicodrama, Associação Americana de Psicologia. Washington, D.C., Setembro 4, 1971.

56

7º Congresso Internacional de Psicodrama e Sociodrama, Tóquio, Japão, 1972.

8º ao invés de 7º* Congresso Internacional de Psicodrama e Sociodrama, Munique, Alemanha, data a ser anunciada.

9º ao invés de 8º** Congresso de Psicodrama e Sociodrama, Jerusalém, Israel, data a ser anunciada.

Enfim estamos todos mostrando-o vivo, pensando, construindo, reformulando. Muitos encontros, muitos trabalhos. Moreno atento, Moreno presente.

Carta Mágica

Estou aqui para apresentar a "Carta Mágica do Psicodrama – uma forma simples de restaurar harmonia e paz em um mundo de inquietação e tensão".

"Psicodrama é uma forma de mudar o mundo, no AQUI e AGORA, usando as regras fundamentais da imaginação, sem cair no abismo da ilusão, alucinação e irrealidade."

E mostro as seguintes barreiras: "sexo; raça; idade; envelhecimento; doenças; morte; medo e frustração; linguagem; animais; objetos como comida, dinheiro, meios de transportes e computadores; limitações humanas e falta de unidade com os cosmos".

Falo do "treino da imaginação, superando as diferenças".

Falo da "coragem para encontrarmos nossa unidade para continuação da vida".

Falo dos "conceitos básicos psicodramáticos (aquecimento, espontaneidade, criatividade, encontro, simulação e as técnicas dramáticas)".

Falo da nossa "possibilidade de transmutar, ser outro, de outro sexo, de outra raça, de outra idade, de outra categoria de reino animal, vegetal ou mineral".

Proponho "uma viagem para atingir o saudável, a vida afetiva, o suportar a doença, a desgraça e a morte".

_____

(*) Correção de J.L. Moreno
(**)Correção de J.L. Moreno

Trago a "forma de não submeter-se mas de viver, através do Psicodrama".

Sou de direito autoral do Doutor Jacob Levy Moreno, 1969.

Filme de Moreno – Carta de Zerka

Vamos fazer uma dupla. Mostramos duas realidades distintas. Uma, Moreno dirigindo sessões, outra uma carta de Zerka.

O que mostro dele neste filme é como levar um grupo de pacientes e pessoal de saúde a uma proposta de dramatização num hospital psiquiátrico, num ambiente pobre de recursos, mas com um respeito irrestrito às possibilidades de cada um estar ali, participando do trabalho.

Revelo Moreno diretivo, escolhendo com quem vai trabalhar, não tendo o mínimo cuidado com a sociometria e a dinâmica grupal já estabelecida. Quem sabe, nem havia grupo, portanto não havia ainda uma dinâmica grupal existente. Mas ele escolhe com quem vai trabalhar e vai chegando ao que trabalhar.

Ele escolhe, ele dirige, ele vive intensamente sua ação dramática.

Ele é dramático, intenso, forte.

Ele é um grande ator. Um ator com muita vida, uma grande voz, uma energia ímpar.

E como em outra parte da dupla, estou aqui ao lado, datada de 28 de agosto de 1974, dirigida "*aos membros da nossa família psicodramática*".

Emocionada, trago os sentimentos de Zerka, agradecendo os telefonemas e correspondências do mundo todo, pelo amor, suporte e sensibilização chegados a ela quando do falecimento do nosso mestre.

Solicito que seja mantido o apoio, como vinha sendo no passado, assim como as sugestões para ajudá-la a preparar-se e desenvolver-se para o futuro.

Nós, como dupla, trazemos o momento de intensa vivacidade, contrastando com a profundeza da solidão, a genialidade do gênio criador, com sensível pesar da viúva companheira.

E assim Zerka Toenan Moreno termina a sua carta:

"Meu marido uma vez colocou a questão: "Who Shall Survive?" (Quem sobreviverá?). Eu agora respondo com renovada convicção em meu coração e ânimo em minha alma: "We Shall Survive!" (Nós sobreviveremos!").

O disco

"I am the Words of the Father" (Eu sou as Palavras do Pai)

"Enviei um convite para um encontro com todos os homens: venham a mim e me conheçam." Assim, numa voz profunda, retumbante, inolvidável, vou iniciando minha apresentação aqui neste disco.

Quem me entende, por traduzir meu inglês, indiscutivelmente com sotaque europeu-judaico, acompanha as palavras do Pai. Os que não, ao menos tentam imaginar de quem vem esta voz, que dramatiza o tempo todo, utilizando diálogos, indagações, lamúrias, exclamações, intensas afirmações. Em outros momentos, um tom quase choroso; outros, com uma agressividade e um clamor de um peito forte como um Tarzã.

Trago a proposta de Moreno sobre a responsabilidade por si mesmo, assim como por todas as pessoas que nos rodeiam, pai, mãe, irmão, irmã, amigos, pessoas da mesma cidade, pelo que acontece nas diferentes nações, em toda a Terra.

Proponho o entendimento de Deus no curso dos séculos e milênios, o dos Hebreus, "Ele, o Deus", e o de Cristo, "O Tu Deus". E o momento para a realização disto. Venho como o Deus do amor, que não só vem quando é lá fora, mas de dentro, da própria pessoa, através do Eu".

"Através de mim, de você, de todos os Eus, de milhões de Eus"...

O Deus-Eu, inclusive, o Deus cósmico e o Deus do amor.

E como um trovão que começa a vir de longe e aos ouvidos vai chegando, com seu intenso tom de agressividade, enuncio: "Eu sou. Eu sou o Pai. Eu sou responsável por tudo o que acontece, sou por tudo o que acontece no futuro, por tudo que aconteceu no passado".

"EU SOU O PAI, EU SOU O PAI DE MEU FILHO,
EU SOU O PAI DE MINHA MÃE E DE MEU PAI.
ISSO ERA O QUE OUVI, EU OUVI EU."

Essas são palavras de um livro publicado anonimamente em alemão. Não eram as palavras só de Moreno, mas de todos, apesar de ele as ter formulado.

"EU SOU O PAI. EU SOU O PAI DE SEU FILHO.
EU SOU O PAI DE SUA MÃE E DE SEU PAI.
EU SOU O PAI DE SEU AVÔ E DE SEU BISAVÔ.
EU SOU O PAI DE SEU IRMÃO E DE SUA IRMÃ.
SOU O PAI DE SEU NETO E DE SEU BISNETO.
SOU O PAI DO CÉU SOBRE A SUA CABEÇA, E SOBRE
A TERRA ABAIXO DE SEUS PÉS.
SOU O PAI, O RELÂMPAGO QUE SALTA DAS NUVENS E
O ARCO-ÍRIS SOBRE AS CASAS.
SOU O PAI DOS PÁSSAROS QUE VOAM NAS ÁRVORES E
DO GADO CORRENDO ATRAVÉS DAS FLORESTAS.
SOU O PAI DAS MONTANHAS APONTADAS PARA O CÉU
E DAS FLORES DESABROCHANDO NAS CAMPINAS.
SOU O PAI DE SUAS LÍNGUAS E DE SEUS OLHOS, DE
SEUS PEITOS DE SUAS NÁDEGAS.
SOU O PAI DO PÓ DE QUE VIESTE, E DO SILÊNCIO NO
QUAL AFUNDAS."
"ESTA É A MINHA ORAÇÃO: POSSAM TODOS OS SERES
ME ENCONTRAR."
"SE EXISTIR ALGUÉM QUE NÃO ME ENCONTROU, POS-
SA, PELO MENOS UM HOMEM QUE TENHA ME ENCONTRADO,
ENCONTRÁ-LO."
"MAS MESMO ASSIM, SE ALGUNS PERMANECEREM
SEM ENCONTRAR UM HOMEM QUE ME ENCONTROU, POSSA
PELO MENOS AS PALAVRAS QUE FALEI OS ENCONTRAR."
"MAS SE ALGUNS, QUE AINDA RESTAM, PERMANECE-
REM SURDOS E CEGOS ÀQUELAS PALAVRAS QUE EU DISSE,
TENDE PIEDADE DELES E DEIXAI-OS NASCER."
E num tremular sonoro, como uma bandeira ao vento intenso,

subindo num mastro, ao fundo de um céu anilmente azul, declara num crescendo:

"*POSSAM TODOS OS SERES NASCER AO MENOS UMA VEZ.*

ESTA É MINHA ORAÇÃO, POSSA TODO SER NASCER PELO MENOS UMA VEZ.

MELHOR NASCER PARA A DESTRUIÇÃO DO QUE NUNCA NASCER.

SEJA FÉRTIL E MULTIPLIQUE VOCÊ MESMO.
MULTIPLIQUE A MIM"

Um profundo silêncio permanece.

A voz de Moreno ainda ecoa por todas as inversões de papel, por todos contextos dramáticos, por todas as ações, em cada dramatização.

Aos poucos meus objetos de Moreno vão se recolhendo. A luz vai baixando, seguindo lentamente o controle do "dimer".

A mesa redonda vai se desfazendo, com o respeito pelos momentos recordados e pela cena dramática vivida.

Tudo vai se guardando, no mais sagrado recanto, dentro do meu peito, no meu coração, na minha memória.

O encontro ocorreu.

Até a próxima dramatização.

Até o próximo encontro.

CAPÍTULO V

CONSIDERAÇÕES SOBRE A – ESQUECIDA – ADOLESCÊNCIA DE J.L.MORENO

Maria Alicia Romaña

Conviene que no sepamos nunca sus nombres; la historia, así, será más misteriosa y más tranquila.

Jorge Luis Borges

Esclarecimento: Para a execução deste trabalho tenho consultado somente a bibliografia ao meu alcance. É bem possível que pessoas até geograficamente próximas de mim e, claro, os familiares do Moreno, tenham à sua disposição material que poderia trazer informações a respeito do assunto de que trato. Porém, levando em conta que as minhas informações seriam mais ou menos as que, na média, qualquer psicodramatista possuiria, acredito que as minhas afirmações iniciais não devem ser muito diferentes das que esse psicodramatista médio poderia fazer.

Afirmações iniciais – Justificativa: Sempre achei que nas notícias biográficas referentes ao Moreno faltava alguma coisa.

A escuridão em relação à sua adolescência, primeiro me intrigou e, posteriormente, passou a me incomodar.

É claro que numa vida tão longa e intensa como a dele, uma ou outra fase podem muito bem ficar na penumbra. Sem dúvida. Qualquer fase sim, mas não a adolescência.

Talvez seja pelo meu contato profissional direto ou indireto com essa idade, o certo é que o *impulso da adolescência* me parece de fundamental importância para o desenrolar futuro de qualquer biografia.

Penso que numa vida produtiva como a de J.L. Moreno, devem ter sido muitas as forças, energia e ideais concentrados nessa fase, que foram depois, no decorrer de sua biografia, desenovelando, transformando e metamorfoseando-se até construir a obra que hoje é nosso legado.

Método biográfico: Quando falo de adolescência estou me referindo aos cinco anos que existem entre os 13 e os 18 anos de vida.

Não inventarei uma adolescência para Moreno; procurarei utilizar alguns dados objetivos para sugerir uma adolescência com probabilidade de ter acontecido.

Desde o ponto de vista da antroposofia, a vida humana apresenta características particulares evidenciáveis de sete em sete anos.

São os *setênios*, que prestam grande ajuda na compreensão da evolução e das tendências manifestas nas diversas idades.

Moreno nasceu a 20 de maio de 1889 e faleceu a 14 de maio de 1974; portanto ele viveu 85 anos, ou 12 setênios.

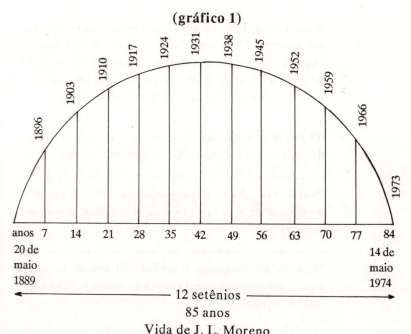

(gráfico 1)

Vida de J. L. Moreno

Os cinco anos da sua adolescência transcorreram, portanto, entre 1902 e 1907.

Ou seja, estaremos falando do fim do segundo setênio e de uma parte bem significativa do terceiro setênio.

A Dra. Gudrun Krokel Burkhard, especialista no estudo de biografias, fala assim dessa idade:

> "Pode-se dizer que na infância o ser humano é muito mais cósmico e ligado à natureza. Na puberdade ele vai se ligando profundamente à terra. A gravidade da terra começa a tomar conta do seu corpo e ele se torna antes de mais nada um cidadão terrestre, capaz de atuar na sociedade e de viver o seu destino".

> ....

> "Com essa descida para a Terra e para dentro de si, vem uma sensação de isolamento, de incompreensão, e a síntese com o mundo tem de ser reconquistada de dentro para fora".

> ....

> "Com a puberdade, há um vislumbre da imagem ideal do ser humano. Cada um traz dentro de si essa imagem arquetípica ideal do ser humano; e é na época da puberdade que ela é sentida de maneira mais pura, tornando-se a partir daí a força propulsora do desenvolvimento".

> ....

> "O jovem procura este ideal em si, mas também dentro dos outros. Daí a atitude crítica em relação a todos".

> ....

> "Nessa fase, onde o pensar lógico é desenvolvido especialmente através da ciência, vale a frase: o *mundo é verdadeiro*".

> ....

> "Só consegue transmitir a verdade do mundo ao jovem aquele que é autêntico e verdadeiro e que acredita no que está ensinando".

"Na passagem da adolescência para a juventude, três fases podem ser observadas: de 14 a 16 anos, de 16 a 18 e de 18 a 21 anos. A primeira é voltada para os fenômenos e mudanças corporais; nela a estruturação do pensamento, o interesse pela ciência e pela técnica, ajudam a própria organização. Na fase dos 16 aos 18, muitos jovens passam por um período de religiosidade intensa. Nessa fase nascem muitas poesias e dramas. A fase dos 18 aos 21 anos já é mais voltada para a profissão, portanto é a fase do encontro do jovem com a sociedade".

....

"Muitos jovens necessitam de tempo e de várias experiências para encontrar resposta às questões do tipo: – quem sou eu? – ou, – quais as minhas aptidões e talentos? –. Para outros, a resposta se torna clara por volta dos dezoito anos e meio, quando o eu se interioriza ainda mais, atingindo agora a esfera da ação, época então da realização do eu".

Particularizando, no caso da biografia de Moreno, podemos comentar que a forte ligação com a Terra, característica da adolescência, acentua-se sem dúvida no caso do nativo de Touro, da mesma forma que a concentração, outro traço deste signo.

Um outro ponto levantado pela Dra. Gudrun, no que se refere à biografia humana, é o fato de os *setênios* começarem a *se espelhar* a partir de certa idade. No caso da vida de Moreno e da fase que nos interessa, podemos tentar perceber esse *espelhamento* que aconteceria entre os 66 e 71 anos, ou seja entre os anos de 1955 e 1960. Estaremos falando então de parte significativa do 10º setênio e do começo do 11º setênio.

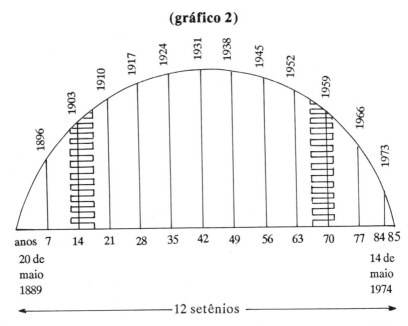

(gráfico 2)

Na mesma fonte encontramos que a fase após os 63 anos é chamada da *alma intuitiva* ou *fase mística*:

> "Nessa época podemos ter o encontro da realidade espiritual verdadeira, daí a denominação de *fase mística*."
>
> ....
>
> "Novamente encontramo-nos isolados, dentro de nós mesmos, e olhamos criticamente ao nosso redor, e de nós emana a verdadeira luz que agora foi interiorizada. É a fase da *abnegação*".

No labirinto do tempo: Vamos voltar para os anos de 1902 a 1907 e direcionar nossa atenção para o levantamento histórico-cultural que Wilson C. de Almeida faz desses anos, estabelecendo uma relação com a vida de Moreno. Farei apenas uma citação dos autores, não de suas contribuições culturais específicas, como aparecem no seu livro *Psicoterapia Aberta*.

"1902 – Moreno com 13 anos

Émile Durkhein-George Herbert Mead-Charles H. Cooley

1903 – Moreno com 14 anos

I. O. Pavlov

1904 – Moreno com 15 anos

John Dewey

1905 – Moreno com 16 anos

Einstein-Kierkegaard-Nietzsche-Dilthey-Reinhardt-Stanislavsky-Charles Pierce-Joseph Hersey Pratt

1906 – Moreno com 17 anos

Martin Buber

1907 – Moreno com 18 anos

Theodor Lipps"

Podemos concluir que as idéias desses autores, essas contribuições culturais de grande importância para a humanidade, devem ter chegado de alguma forma ao conhecimento de Moreno-adolescente, alimentando seus sonhos e nutrindo seus ideais.

Vejamos agora o que o mesmo autor nos diz sobre os anos do *espelhamento*, na idade madura, quando ele tinha, como já disse, entre 66 e 71 anos, ou seja entre os anos de 1955 a 1960: não tem referência.

A última que ele faz (fora a da morte em 1974) é de 1951:

"1951 – Moreno com 62 anos

Funda a seção de Psicoterapia de Grupo na American Psychiatric Association."

No caso, já fazendo correlação com os fatos concretos da vida de Moreno.

Anne-Ancelin Schutzenberger, na sua "Introduction au jeu du rôle", que chegou às nossas mãos na sua tradução italiana, numa resenha biográfica de Moreno, diz:

"*1953* – Comincia la diffusione dello psicodrama per adulti in Francia; conferenze e dimostrazioni vengano realizzate da francesi in Belgio e Olanda. Si diffonde anche il gioco di ruolo nei corsi di formazione, per 1 industria e per la scuola. Nel luglio de 1955 il gioco ruolo è presentato al Congresso de Utrecht de la New Education Fellowship, con Margaret Mead, Juliette Favez, M. Wall, Lily Herbert, A. A. Schützenberger".

No "Introdução ao Psicodrama", de J.G.Rojas Bermúdez, encontramos a seguinte referência a esses anos:

"Em *1951*, Moreno publica o International Journal of Group Psychoterapy, obtém uma seção sobre Psicoterapia de Grupo na American Psychiatric Association e constitui, em Paris, o Internacional Committee on Group Psychoterapy, o qual promove diversos congressos sobre Psicoterapia de Grupo.

O primeiro realizou-se em Toronto (1954), o segundo em Zurique (1957)... Em 1958 o International Committee se expande e toma o nome de International Council of Group Psychotherapy, presidido por J.L. Moreno..."

Pelo que podemos observar, as referências ao período de 1955 a 1960 são muito reduzidas. Curioso, o mesmo acontecera entre 1902 e 1907.

Porém, o que parece mais evidente é que todos os eventos, publicações, organismos, vão adquirindo o termo especificativo de Internacional. Quer dizer que a difusão de um lado, e o reconhecimento da sua obra de outro, são já bem abrangentes, bem amplos.

Podemos dizer que o que o homem havia criado, o que o lutador havia pregado, o que o semeador tinha semeado, estava produzindo seus frutos mais generosos nos anos do *espelhamento*.

Já que, de qualquer maneira, temos mais dados nesses anos que chamo de *espelhamento*, podemos tentar o exercício inverso: *espelhar* os da adolescência nos da idade madura.

Porém, afirmar qualquer coisa seria ousadia, leviandade até, mas tenho a impressão que se na idade madura a força centrífuga foi tão abrangente, na adolescência, a centrípeta deve ter sido duma intensidade equivalente. Isso mostraria um Moreno-adolescente tentando se equilibrar nesse mundo efervescente do começo do século.

Parece-me alguma coisa como aqueles lenços coloridos, amarradinhos e amassadinhos que os mágicos tiram das cartolas. Imagino aqueles anos da adolescência como sendo os lencinhos dentro da cartola, e os anos da idade madura como sendo os lencinhos todos estendidos aos nossos olhos, para nossa maravilha.

A curva psicodramática: Carl Hollander é autor de um gráfico conhecido como a curva psicodramática de Hollander, que permite a leitura de uma atividade psicodramática em vários de seus aspectos.

(gráfico 3)

Parece-me possível tentar uma outra leitura da biografia de Moreno, utilizando esse modelo. Continuaremos porém, utilizando também o princípio do *espelhamento*.

(gráfico 4)

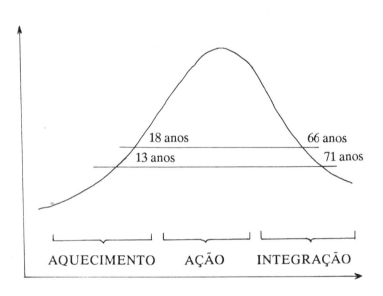

Podemos observar que a adolescência corresponderia ao aquecimento, no momento da seleção do protagonista e pesquisa do problema.

O protagonista é ele mesmo, o ser que está em desenvolvimento, encontrando-se a si mesmo, e o problema seria o mundo e o que ele lhe oferece; pesquisar o problema seria procurar identificar seus interesses nesse caleidoscópio de estímulos e informações, achar seu próprio caminho.

Os anos do *espelhamento* corresponderiam ao compartilhar

(*sharing*), depois de ultrapassada toda a seqüência da ação dramática, e a fase dos comentários que liberam as conclusões na direção das necessidades do grupo.

Na idade madura haveria uma síntese da experiência e uma nova concentração de energias para atingir criações mais abrangentes e generosas.

Parece-me como se a vida de Moreno tivesse sido uma longa sessão de psico-sociodrama, onde cada momento tivesse estado perfeitamente encaixado no processo. Até o encerramento, preciso, certo, sob o signo de Touro também.

Depoimentos: O senhor Carlos Radvány, natural da Hungria, teve a gentileza de me fornecer alguns testemunhos da vida vienense.

Disse ele:

> "Viena era o grande centro cultural da Europa do começo do século.
>
> Viena vivia uma vida muito intensa cultural, intelectual e artística.
>
> Para ela convergiam pessoas dos mais diversos pontos da Europa.
>
> A cidade que fazia concorrência era Praga, se bem que a confluência de pessoas envolvidas em interesses culturais era um pouco mais reduzida em Praga."

Sobre o fato de a família de Moreno ter-se transferido de Bucareste para Viena, ele acrescenta:

> "A passagem da Romênia para a Áustria, na verdade Império Austro-húngaro, era bastante comum. Inclusive, uma região ao NE da Áustria (Bucovina) pertenceu à Romênia."

Sobre a religião, ele comenta:

"Em Viena observam-se dois grupos dentro da comunidade judaica. Um desses grupos estava mais assimilado aos costumes vienenses, embora continuasse suas práticas religiosas. O outro grupo era bem mais religioso, e seus integrantes oriundos da Polônia, na sua maioria."

"Nas escolas (que em geral eram públicas), a religião era uma matéria obrigatória. Os alunos tinham um professor da religião à qual pertenciam, independente de qual ela fosse. Obrigatória era a matéria, não a imposição de uma determinada religião."

"O ensino da religião não oferecia aos alunos um sentimento de tensão ou medo, como acontecia com outras matérias".

"Os professores não eram levados muito a sério, eram sentidos como mais próximos."

"Para a cerimônia da *bar mitzva*, que acontece aos 13 anos e marca a entrada no mundo adulto, os meninos tinham um professor particular que não era necessariamente um rabino."

Conclusão: Olhando agora para a vida toda de Moreno, esses 85 anos, com uma obra inovadora, revolucionária, de uma atividade intensa até seus últimos dias, só posso pensar, como já disse antes, na grande força do *impulso da adolescência*. Aliás, grande é pouco, esse impulso foi enorme. Tenho a impressão de que esses traços duma adolescência talvez um pouco mais quieta, mais introspectiva (mesmo porque se tivesse caído de um outro "céu" e quebrado braço ou perna, teria sido registrado nas notícias biográficas) permaneceram pelo resto da sua vida através da sua força. Penso que foi ela que deu aos seus anos adultos e maduros o ar de juventude, de inconformismo, de irreverência, de quem precisa sempre olhar as coisas pelo avesso.

Na verdade, foi essa a imagem que tive quando o vi em 1969, na Faculdade de Medicina da Universidade de Buenos Aires: *un muchacho y un anciano, caminando juntos, lado a lado, complices, entretejiendo su destino.*

Anexo: Em relação à controversia existente sobre lugar e data do nascimento de Moreno acho interessante incluir este documento:

THE DATE AND BIRTHPLACE OF J.L. MORENO

Gheorghe Bratescu
Dept. of History of Medicine,
Inst. of Hygiene and Public Health,
Bucharest, Rumania

The date and even the place of birth of Jacob L. Moreno has been a subject of controversy. In an article published in the Ciba Symposium in 1963, Moreno referred to his origins, stating that he was born in Bucharest on May 19,1892. The latest editions of *Who's Who in the World*, however, cite May 20, 1890, as a birthdate. And Ann Ancelin Schutzenberger, who has translated into French many of the works of the father of psychodrama and sociometry, wrote the following in her obituary, which was published in the French Newspaper, *Le Monde* (May 22, 1974): "*Né sur un bateau voyageant sur la Mer Noir et ne battant pas de pavillon, non declarée à leur arrivée à Bucarest par ses très jeunes parents, elevé à Vienne, dans L'Autriche du bouillonnement de la psychiatrie, Moreno attendit son arrivée en 1925, aux États-Unis, pour acquérir une nationalité et une date de naissance, reconstitutée au 21 Mai 1892.*"

This discrepancy in the data prompted us to search in the Archives of the Bucharest Town Hall in hopes of finding documents regarding the birth of the eminent scientist. We thought it all the more necessary to undertake these investigations since reports from Mrs. Charlotte Goldner, Moreno's sister and a resident of Bucharest, indicated that 1892 cannot have been correct for Jacob because a younger sibling was born that year.

We discovered the following among the official list of births for the year 1889. The orthography and wording is transcribed exactly (with some possible mistakes made by the clerk who recorded the document):

Act of birth of the child, Iacov, masculine sex, born the sixth of the current month at four o'clock post meridian, in Bucharest, in his parent's house, Strada Serban Voda No. 50, son of Mr. Moreno Levi, aged 32 years, of profession, trader, and of Mrs. Paulina, born Iancu, aged 18 years, of profession, housewife, according to the declaration made by Mr. Avram Mitran, aged 38 years, of profession, clerk, dwelling in the same street, no 112, who presented us the child. The witnesses were Mr. Solomon Alseh, aged 48, of profession, trader, dwelling in Strada Leon Voda, no. 22, an acquaintance of the parents; and Mr. Solomon Athias, aged 52, of profession, trader, dwelling in Strada Labirint. No. 10, an acquaintance of the parents, who signed this act after it was read to them, along with ourself and the declarant. Ascertained according to law, by ourself, Nicolae Hagi Stoica, Jr., Bucharest city Counsellor and Registrar.

We notice first that contrary to custom, the child was not declared by his father, but by an acquaintance, the commercial clerk Avram Mitran. Mitran, as well as the two witnesses, were honorable members of the sephardic community of Bucharest (Soloman Athias signs the birth certificate with Hebrew letters).

Apparently, Moreno Levi, the child's father, was not at the time in Bucharest. He might have been travelling on the Black Sea, but it is probable that he was in Viena, where the headquarters of his commercial firm was located (he was the firm's Bucharest representative). The certificate states that he was of Jewish religion and Rumanian citizenship.

We also note the variation in the transcription of the family name, written both as Levy and Levi.

Thus the exact date of Jacob L. Moreno's birth is the sixth of May, 1889 (according to the day new calendar, the would be the eighteenth). Those interested in horoscopes are even furnished the hour of birth: 4 p.m.

São Paulo, maio de 1989.

CAPÍTULO VI

MORENO MÍSTICO

Vânia de Lara Crelier

Ao escrever um artigo sobre Moreno místico, tento encontrar dentro de mim o fio que me ligue ao misticismo. Se ao menos eu pudesse ter tempo para meditar ou sair por aí no meio das matas, nas altas montanhas e entrar em contato com o cosmos!

Mas a idéia me agrada e eu aceito.

Começo me aquecendo, relendo Fonseca – "Correlações entre Moreno e Buber" – que mostra a grande influência hassídica que Moreno sofreu na juventude.

Diz Fonseca:

"Ramon Sarró divide a obra de Moreno em cinco fases. Considera a primeira fase como a fase religiosa.

A segunda é a da criação do psicodrama; a terceira a da psicoterapia de grupo; a quarta a da sociometria e a quinta a da sociatria. Esta última seria uma espécie de psicoterapia da humanidade, ou seja, uma concepção psicológica, para levar a humanidade a sentir e buscar o que realmente necessita."[1]

No entanto, me parece que nesta quinta fase Moreno se volta novamente para a religião, pois esta fase não teria somente uma concepção psicológica, mas também religiosa, pois busca uma transformação da humanidade, assim como Cristo, Buda e os grandes religiosos buscaram. Moreno sempre se colocou como transformador, idealista e comprometido com a transformação.

---

(1) Fonseca Filho, José. *Correlações entre a Teoria Psicodramática de Jacob Levy Moreno e a filosofia dialógica de Martin Buber*. Tese de doutoramento. Departamento de Neuro Psiquiatria, F.M.U.S.P., 1972-10

Mas, talvez a maturidade e os Estados Unidos o tenham brecado por algum tempo.

Talvez para ser aceito na sociedade americana, tenha se tornado menos "louco". Para modificar a humanidade talvez seja necessário o compromisso com a loucura, o virar tudo de pernas para o ar. Talvez seja necessário buscarmos dentro de nós o transformador, o reformista, o "louco do tarô", que não se acomoda à ordem pré-estabelecida e busca valores novos.

Trocando de papel com Moreno, talvez Beacon fosse o oásis onde "o tudo em ordem seria contestado". Mas, às vezes me parece que, na maturidade, lhe faltou sair para contestar o mundo de uma forma mais ativa, como na juventude.

A velhice talvez lhe tenha devolvido esta percepção. Daí ele dizer tristemente a Pierre Weil no seu último encontro com ele:

– "Eu quis ser Deus, o Pai, mas fracassei."

Mas na verdade não fracassou.

Ele devolve a religião ao mundo psicodramático e espalha os "tzadik" nos cinco continentes através do Psicodrama.

Os "tzadik" são os profetas do hassidismo. A respeito da influência do hassidismo na obra de Moreno, cito novamente Fonseca (em longo trecho).

"A obra da juventude de Moreno é profundamente religiosa. Nesta fase estaria mais claramente marcada a influência hassídica. O hassidismo é uma seita religiosa derivada da Cabala. Este movimento religioso teria influído grandemente em toda concepção moreniana. Os textos hassídicos pregam a necessidade de substituir a relação vertical com Deus por uma relação horizontal. Deus não estaria longe e sim aqui mesmo na terra. Tudo conteria centelhas divinas – note-se que esta expressão é encontrada várias vezes na obra de Moreno. Estas centelhas, conforme as situações, poderiam ser liberadas (espontaneidade-criatividade de Moreno). Na medida em que o ser humano consiga a liberação é como se alcançasse Deus. A comprovação desse misticismo e dessa forte ligação como o hassidismo apareceria especialmente em seus escritos para a revista Daimon (1918 a 1920). O melhor exemplo disto estaria no "Testamento do Pai". Moreno traz a imagem não do Deus distante, mas do Deus próximo, não do Deus que fala através dos profetas, não do

Deus que fala através do filho, Jesus Cristo, mas sim do Deus que fala sem intermediários; traz o Deus que fala diretamente aos homens. O Deus moreniano se caracteriza pela subjetividade e pela criatividade.

É o Deus, que sabe falar simples, como no hassidismo.

Apesar das correlações com o hassidismo, não cita textos hassídicos. Refere-se muito a Bergson, Kierkgaard, Buda, Jesus, Marx; porém, reconhece sua admiração por Baall Shen Tov, o profeta do hassidismo. A fase mística demarca profundos sulcos em toda a obra moreniana.

O misticismo diminui nos Estados Unidos. Nesse período, na fase americana, entusiasma-se pela psicoterapia de grupo e pela sociometria. Em seus escritos já não se notam tão intensamente as características da fase anterior. É possível que o ambiente americano, outro tipo de vida, outras perspectivas de criação, ou a própria idade tenham influído na modificação da corrente mística moreniana.

Nunca repudiou, porém, as linhas mestras iniciais.

Continuou sendo o grande intuitivo, o otimista, o pregador de uma psiquiatria alegre. Acredita no homem e na vida.

Sarró assinala que o hassidismo rompeu com o tradicionalismo do culto judeu, perdendo o rabino sua onipotência. Surgiu a figura do "tzadik", espécie de homem santo, de muitas virtudes e que se tomava como modelo. Com este, os fiéis estabeleciam uma relação pessoal. Geralmente era possuidor de personalidade muito forte, com grande capacidade empática (ou "télica", como se verá adiante). No hassidismo o contato pessoal era mais forte que os próprios textos religiosos. Coincidência ou não, na terapêutica moreniana o mesmo acontece. O "tzadik" de certa forma, está na pessoa do diretor do psicodrama que coordena as ações, dramatizações (drama, do grego = ação). O psicodrama seria a passagem da psicoterapia de gabinete, de confessionário, de sigilo, de voz baixa, de controle das condições para a psicoterapia do atuar, do contato, da relação, da verdade, da vida"[2].

Os leitores perdoem-me a longa citação, mas sobre este assunto, quem sabe falar melhor do que o próprio Fonseca?

Olhando por este prisma, toda a obra de Moreno torna-se profundamente religiosa, dando ao psicoterapeuta uma função de cura que

---

(2) Fonseca Filho, J. - ob. cit., p. 10-11

contém em si a religiosidade.

Mais tarde, estudando o xamanismo, que desenvolve o papel de curador, também me cł amam a atenção semelhanças entre o psicodramatista e o xamã.

O xamã é um curador que trabalha em estado alterado de consciência e que goza de alto prestígio mágico–religioso. O xamã é também um artista e dramatiza suas curas e suas viagens místicas em busca do conhecimento para a audiência – a tribo – que o aguarda ao voltar do transe. No transe, sua alma abandona o corpo, para empreender ascensões ao céu ou descer ao inferno, em busca da alma perdida do doente, o que lhe trará a cura.

Quantas vezes, em sessões de psicodrama, me senti transportada e parecia dramatizar num estado alterado de consciência!

De repente, é como se eu voltasse no tempo. Me vejo em Viena. Eu tinha me decidido a entrevistar Moreno, supondo que ele, melhor que ninguém, poderia falar do Moreno místico. De máquina a tiracolo, caderno e caneta na mão, chego a uma praça vienense. Ele está bem mais moço, mas não demoro a reconhecê-lo.

Inventa jogos e as crianças correm, cantam e se divertem. No entanto, ele parece estar se divertindo tanto quanto elas. Irradia uma alegria e uma certeza do que faz. Parece haver uma luminosidade ao seu redor! Não parece apenas em momento de lazer, de divertimento. É como uma tarefa que se propõe: a de criar um mundo novo!

Tenho vontade de chegar, mas apenas o observo.

Ele sai dali e eu continuo seguindo-o. Se dirige então a um grupo de prostitutas e percebo que ainda não chegou a hora de entrevistá-lo.

Está inteiramente imerso na tarefa que se propôs.

Há em toda sua postura uma profunda religiosidade. Percebo-o criativo, espontâneo e cheio de crença no que faz. Acredita em seu trabalho e o realiza com toda a energia, a "magia" e o misticismo de quem faz um ato de fé.

Sob um dos braços, vejo que traz uns escritos. Coloca-os sobre um muro e me olha (devia estar me pressentindo) e percebo que não se importaria que eu os lesse.

Continuo a observá-lo, enquanto folheio também os papéis.

Encontro poesias, poesias estranhas, mas lindas. Escritas na primeira pessoa. E vejo que é Deus que fala. Fala sobre si, sobre a criação do Universo, sobre o Homem.

Transcrevo-as para vocês.

"A CRIAÇÃO DO UNIVERSO"

Eu sou Deus,
O Pai,
O criador do universo.
Estas são minhas palavras,
As palavras do Pai.

No princípio,
Existia Deus.
Deus era Eu
E Eu era Deus.

No princípio
Não havia espaço, nem tempo,
nem luz, nem trevas.
Só existia vazio
De espírito e de matéria,
De ti.

O vazio foi preenchido
com nada.
Não existiam seres.
O vazio estava vazio.

Não havia sol
Movendo-se ao redor da terra.

Não havia terra
dando voltas sobre seu eixo.
Não havia lua
crescente e minguante.
Não havia estrelas.

E onde hoje está o céu,
estava meu corpo.
Eu disse: façamos que exista um criador,
E um criador apareceu.
Eu disse: permitamos que Ele construa um universo,
um grande vaso do ser,
E o universo começou a tomar forma.

Eu disse: permitamos que Ele construa
a complexidade do universo,
Passo a passo,
Tempo e espaço,
Matéria e espírito,
Luz e trevas,
Frio e calor,
Sóis e luas,
Feras e homens,
E que a vida comece a crescer
E a expandir-se
Por todas as partes.

Eu disse: que exista o tempo,
E o tempo existiu.

Eu disse: que exista nascimento,
um começo de vida,
E cada ser começou a nascer.

Eu disse: que exista morte,
um término da vida,
E cada ser começa a morrer.

A vida começou a expandir-se.
O universo se moveu de nascimento a morte.

Eu disse: que exista o espaço.
E foi aqui que o espaço existiu.

Eu disse: que exista a distância,
O começo do movimento,
E cada ser começou a mover-se.

Eu disse: que exista a forma,
A parada do movimento,
E cada ser começou a formar-se.

O espaço foi projetado à distância.
Desde o nada,

O universo se espandiu até o infinito.
Eu criei todas as coisas mortais.

Eu criei homem e mulher,
Filhos e filhas,
Nuvens e ervas.
Eu criei o universo do homem.

O homem não conhecia nascimento e morte.
Ele não conhecia transformação, crescimento e idade.
Não conhecia passado e futuro,
Não conhecia luz e trevas.

Dia e noite eram um,
Dia e noite não estavam divididos.
O sol se levantou
E o sol se pôs.

Tudo existia ao mesmo tempo
Presente, passado e futuro.
Todo o universo foi criado.
A terra foi feita,
O sol e os milhões de estrelas,
E o céu mesmo, o sublime.
Depois Eu caí num estado
Que não havia conhecido,
Um estado de luz e lucidez.
Ouvi que vinha para mim
Uma onda
De matéria invisível,
De matéria criada pelas coisas
Que eu havia criado,
Gritando, vibrando e chorando.
"Desperta", disse-me ela,
"Nós te queremos a Ti. Vem perto".
Era a nostalgia do Meu universo
Por Mim.
Era o tremor da criação
Feito música.
Me levantei de meu descanso.
E corri
Desde um extremo do universo até o outro.
Eu dancei e Meu coração se tornou ágil
Com sons inefáveis.
O universo foi acabado.
Vi todas as coisas em seus lugares.
Eu conhecia a célula precisa no meu corpo

82

Da qual havia emanado cada ser,
grande ou pequeno.

Eu passei através da essência
De cada parte do universo,
Do espaço e tempo,
De estrelas e planetas,
De pedra e mato,
De seres viventes,
Do homem.

E quando estive perto do fim
Da minha viagem infinita
Eu senti um frio crescente
Entre Eu e as coisas
Que Eu havia criado.
E quando senti este frio,
O temor e a forma que se estendiam
E ameaçavam todas as coisas,
Me invadiu por completo
Um sentimento de terror.
O mais profundo desespero
Em todo Meu universo
O senti no mais profundo da Minha alma,
O começo de uma coisa nova.
Aquilo foi um novo sentimento,
minha resposta a sua música
Minha última e mais alta criação,
Que me chamava.

Uma essência, suprema e silenciosa.
Que Eu chamei amor,
Amor do pai pelo filho,
Amor da mãe pela criança,
Meu amor por tudo.

Amor do homem pela mulher,
Amor por minha mais remota criação,
Por todos os que sofrem e escravizam,
Por todos os que riem e gozam,
Por cada coisa que floresce,
Pelos que desejam meu abraço".

Encontro outra:

Se um homem
mirando dentro de seu próprio coração
não é sincero consigo mesmo,
se ele não crê
Que seus fatos tem influência
sobre o curso do mundo,

Como pode, então, ele crer
Que sua esposa é fiel
Para com ela mesma?

Como pode crer
Que seus pais,
seus irmão e irmãs,
seus vizinhos,
seus amigos,
seus inimigos,
são sinceros, para consigo mesmos?

E se ele não é sincero
Para consigo mesmo,
Como pode ele crer em Mim?[3]

---

(3) J.L Moreno - "Las palavras del padre" – Editorial Vancu, B. Aires, 1976.
(Trad. da A.)

As poesias são belíssimas. Lendo-as, é como se o mundo de repente fosse sendo criado naquele momento. O universo vai-se delineando, tomando forma.

Tomamos contato com Deus, que se compraz em criar.

Que se empolga em sua criação. É como um psicodrama se montando: o aquecimento, a dramatização, o diretor se empolgando, se envolvendo em sua própria criação, conversando com seus personagens, trocando emoções.

Moreno começa a chegar, enquanto escrevo. Sinto sua presença, sua preocupação pelo meu entendimento. Ele quer ser entendido no seu lado religioso-cósmico. As poesias não estão assinadas, não sei se foi ele que as criou, ou se foram ditadas por Deus. Mas, vejo que não importa!

Ele quer que eu o conheça, como o homem profundamente integrado no cosmos, que por alguma razão é pouco visto. É isso que ele quer que eu compreenda. Eu lhe digo que compreendi. Conto-lhe que sou do Brasil, e que aqui muitos se entusiasmam por esse seu lado cósmico.

Moreno me fala: "O homem é um ser cósmico, é mais do que um ser psicológico, biológico e natural. Pela limitação do homem aos domínios psicológicos, sociais ou biológicos da vida faz-se dele um banido. Ou ele é também responsável por todo o universo, por todas as formas do ser e por todos os valores, ou sua responsabilidade não significa absolutamente nada. A existência do universo é importante, é realmente a única existência significativa, é mais importante que a vida e a morte do homem como indivíduo, como tipo de civilização, como espécie. Depois da "vontade de viver" de Schopenhauer, a "vontade de poder" de Nietzche, a "vontade de valer" de Weininger, eu partilho a "vontade do valor supremo" que todos os seres pressentem e que os une a todos. Daí coloquei a hipótese de que o cosmos " em devir" é a primeira e a última existência, e o valor supremo. Apenas ele pode atribuir sentido à vida de qualquer partícula do universo, seja o homem ou um protozoário. A ciência e os métodos experimentais, se têm pretensão a serem verdadeiros, precisam ser aplicáveis à teoria do cosmos"[4]. Sua voz ressoa como vários

---

(4) Moreno, J.L. - *Psicoterapia de Grupo e Psicodrama*. São Paulo, Mestre Jou, 1974, p. 21-22

ecos. Sua imagem treme e se desfaz e eu retorno ao presente.

Sobre a religiosidade de Moreno, Leila Abreu escreve: "A visão de saúde total para Moreno inclui fortemente a vertente da religião. Moreno chega a verbalizar que o aspecto religioso é importante na terapia e na prática psiquiátrica, pois sem esta dimensão não se compreende totalmente o homem, e não se chega a sua cura total. É não dar-lhe esperança e desejo de viver[5]".

Ainda Leila: "Moreno encara o ser humano com otimismo e alegria. Acredita em suas potencialidades cósmicas. Anseia pela realização do homem, num mundo que, apesar de tudo, vale a pena ser vivido. Espera o "cara a cara" do Eu-tu, o confronto–verdade, a liberação das centelhas divinas, o relâmpago da vivência integral no momento do encontro. Confirma o "sair de si" (Buber). Crê na espontaneidade, no Deus-Homem, no Deus-Eu e no Deus-Tu[6]".

Para Moreno, o grupo terapêutico é, pois, não apenas um ramo da medicina e uma forma de sociedade, mas também um primeiro passo no cosmos[7].

Moreno aqui se apresenta abertamente como místico, como cósmico. E me pergunto porque é tão pequeno o número de seus seguidores nessa área?

Me parece que nossas escolas de psicodrama não incluem o Moreno cósmico, a não ser "en passant". Nosso trabalho inclui? Quantos de nós comungamos com a natureza, com o universo, com Deus? Moreno tranqüilamente confessa sua comunhão com Deus. Deus fala através dele, na primeira pessoa. Ele se transforma em Deus e como Deus fala aos homens.

Talvez tenha se preocupado, no início, com a opinião alheia, pois "Las palavras del padre", no início, sai anonimamente. Mas depois se confessa o autor e repete a façanha dos seus quatro anos, mas desta vez sem traumas.

---

(5) Abreu, L.M.R. – "O Homem, um ser bio-psico-social-espiritual". Trabalho de conclusão de curso e credenciamento como terapeuta de aluno. Instituto de Psicodrama e Psicot. de Grupo de Campinas 1989. (Não editado). p.. 33

(6) Abreu, L.M.R. - ob. cit., p.30

(7) Moreno, J.L. - ob. cit., p. 21-22

Aos 4 anos Moreno joga, brinca de ser Deus, enquanto os amigos se transformam em anjos, juntam cadeiras para formar o céu, ele sobe na mais alta, com os anjos voando ao redor. Até que os amigos sugerem: vôa! e ele empolgado com seu novo papel, se joga no ar e quebra um braço.

Nas poesias do livro "Las Palavras del Padre" Moreno vôa alto! Os anjos voam ao redor (somos todos nós embebidos de suas palavras). Parece que aprendeu finalmente a jogar o papel de Deus.

Ao falar da psicoterapia de grupo, ele reconhece três raízes:

– "A primeira é um ramo de medicina. Uma forma especial de tratamento que se propõe como tarefa tratar tanto o grupo como um todo, como cada um de seus membros através da mediação do grupo...

– A segunda raiz é a sociologia.

– A terceira raiz é a religião[8]".

Moreno diz: "Religião vem de "religare", ligar; é o princípio de "tudo reunir", de ligar em conjunto, a imaginação de um universalismo cósmico. Numa ordem universal severamente delimitada, como a cristã-católica ou a budista-hindu, seria uma psicoterapia de grupo religiosa, os valores básicos e as metas seriam originalmente definidos através do sistema religioso em questão. Na falta de tais sistemas, o psicoterapeuta de grupo precisa discutir os valores que satisfazem o espírito da época e se ocupar de sistemas de valores que se apoiam em base científica[9]".

Moreno, nesse texto, nos convida a pesar o valor da religião nas nossas vidas, nas psicoterapias. Depois, no entanto, no continuar do mesmo livro, parece abandonar o tema, para voltar-se apenas à sociometria, à psicoterapia de grupo e aos relatos de casos. Mas me pergunto se a forma como trabalha não é, toda ela, uma forma religiosa.

Em "Las palavras del Padre" me parece que o Deus de Moreno é humano, próximo, emocional, criativo, espontâneo, e não distante e autoritário como alguns sentem.

Ele diria a Moisés descendo as montanhas com as tábuas: O mandamento mais importante é "sê espontâneo"! E Moisés possivelmente sorriria. E ao encontrar seu povo adorando o bezerro de ouro, ao invés

---

(8) J.L. Moreno – ob. cit., p. 19

(9) Idem – p. 21

de se enfurecer, talvez conseguisse que, cantando e dançando, se chegassem a Deus. E se não conseguisse, isto não teria tanta importância, pois tentaria de novo, cada vez chegando mais perto do seu propósito, cada vez mais alegremente se chegando à Divindade. Não é à toa que Moreno se intitula "o homem que abriu as portas da psiquiatria à alegria".

Seu Deus é um Deus-poeta, um Deus-criador, totalmente imbuído da responsabilidade, da glória e da alegria de ser Deus.

E eu me percebo comungando com este Moreno, respeitando-o e me sentindo profundamente tocada por este Deus que me convida a um encontro, tal como o convidou também na noite em que sentindo-se inspirado, noite a dentro, abriu os canais de comunicação à inspiração, à iluminação e recebeu-o, escrevendo "Las palavras del Padre".

Assim nos diria Moreno, sejam espontâneos, criativos, humanos e divinos. Espalhem Deus no mundo, tal como eu fiz.

E a esse seu pedido eu só posso dizer:

Moreno, estamos tentando!

O PENSAMENTO DE MORENO

CAPÍTULO VII

EPISTEMOLOGIA DO PSICODRAMA: UMA PRIMEIRA ABORDAGEM

Camila Salles Gonçalves

..." *diante do mistério do real, a alma não se pode fazer ingênua por decreto.*"
(Gaston Bachelar, *Epistemologia*)

Para uma apresentação inicial do tema de que vamos tratar, há uma definição suficientemente boa de Bertrand Russell: *epistemologia* ou *teoria do conhecimento* é " um escrutínio crítico do que é tido como conhecimento "[1]. Assim, em uma primeira abordagem epistemológica do Psicodrama, dispomo-nos a investigar e apurar o Psicodrama " tido como conhecimento " ; em outras palavras, tomamos o Psicodrama por objeto de análise epistemológica.

Neste momento seria preciso que esclarecêssemos o significado dos termos " *conhecimento* " e " *Psicodrama* " , para que depois averiguássemos o valor de verdade de uma junção, pela cópula lógica, destes dois termos (" O Psicodrama é conhecimento "). Entretanto, não nos dedicaremos à missão impossível de definir cada um, para depois entrar no assunto. Nesta floresta escura, optamos por supor, provisoriamente, que o Psicodrama constitui algum tipo de conhecimento. Conseqüentemente, o primeiro problema com que deparamos é o de esclarecer o que estamos considerando como *conhecimento*.

Apesar de haver inúmeras concepções, definições e abordagens filosóficas do *conhecimento*, o que a maior parte delas parece ter em comum, pelo menos desde as investigações rigorosas de Platão e de Aristóteles, é a utilização de *critérios* para diferenciar o *conhecimento* (" episteme ") da *opinião* (" doxa ").

Segundo uma interpretação contemporânea, podemos dizer que os *juízos* ou *enunciados* por meio dos quais a *opinião* se expressa não são verificáveis e que seu valor de verdade não pode ser " decidido " (não se

---

(1) Russel, Bertrand, *Significado e Verdade*, Zahar, Rio de Janeiro, 1978.

pode chegar a conclusão alguma a respeito de serem verdadeiros ou falsos). São meras *opiniões*, as afirmações do tipo "*O homem é um ser espontâneo e criador*".

Diante do desenvolvimento das *ciências*, a questão filosófica do *conhecimento verdadeiro* é sempre recolocada. Nossa época é, sem dúvida, marcada pelo tratamento da questão, em um passado recente, pelo *positivismo* do filósofo Auguste Comte (1830 – 1842) e pelo *positivismo lógico* (orientação iniciada pelos filósofos e cientistas que formaram o *Círculo de Viena* , grupo cujos principais elementos reuniram-se durante os anos de 1929 a 1937). Do ponto de vista de ambos os positivismos, o conhecimento efetivo é apenas o *conhecimento científico* e opõe-se à *metafísica*, considerada pseudo-ciência e identificada ao domínio de teorias formadas por opiniões, que não correspondem a *fatos observáveis*.

À guisa de esclarecimento sobre o positivismo, utilizemos um comentário de Piaget : "O procedimento mais simples para dominar as questões levantadas pelas transformações contínuas das ciências consiste no esforço para delimitar suas fronteiras contra toda incursão possível da metafísica, e, por outro lado, em fixar de uma vez por todas os princípios e os métodos dessas ciências mesmas. Tal é o objetivo que Auguste Comte se propôs a atingir em seu *Curso de Filosofia Positiva*" [2].

Revalorizados à luz do problema dos critérios de *verificabilidade* dos enunciados científicos, os temas do "*mostrável*" e do "*perceptível*" marcaram, na psicologia inspirada pelo positivismo lógico, a tendência a procurar critérios mais rigorosos para a escolha de métodos de apreensão de dados da experiência, e de elaboração das fórmulas com as quais estes eram relatados. No intuito de satisfazer essa procura, os psicólogos do comportamento adotaram o "*operacionismo*", doutrina segundo a qual as definições de conceitos deveriam ser "*expressas como equivalências de conjuntos de operações*"[3].

Para satisfazer esse critério, o cientista deve, em primeiro lugar, ser capaz de descrever os procedimentos utilizados e o modo pelo qual estes interferiram, *operaram* sobre o próprio fenômeno observado. A *psicologia behaviorista* atendeu ao critério *operacional* apenas em suas formulações ideais. Dizemos "ideais" porque, embora o modelo do opera-

---

(2) Piaget, Jean, *Logique et Connaissance Scientifique,* Encyclopédie de la Pléiade, Gallimard, Paris, 1969.

(3) Scriven, Michael, "*Logical Positivism and Behavioral Sciences*", in *The Legacy of Logical Positivism,* Baltimore, The John Hopkins Press, 1969.

cionalismo tenha norteado suas principais pesquisas, um "escrutínio crítico" dificilmente encontrará uma psicologia do comportamento que tenha realizado sem "furos", nem contradições, as exigências do critério adotado. Um exemplo notório de desvio desses ideais é a "ciência do comportamento" de B.F. Skinner (1904 –): partindo de um projeto científico formulado segundo ideais de *rigor operacional* e de *verificabilidade*, a ciência foi se transformando gradualmente em um mero conjunto de *técnicas de controle de comportamento* de organismos animais e humanos (por meio de estímulos agradáveis ou desagradáveis, isto é, *reforços positivos e negativos*)[4].

Após os esclarecimentos que iniciamos, apesar de sua imprecisão, estamos em condições de começar a falar a respeito do domínio epistemológico do Psicodrama. Sabemos que Moreno teve uma fase de grande entusiasmo com o espírito positivista e operacional. Tentou criar testes para observar e quantificar o *desempenho de papéis*, graus de *espontaneidade*, a presença do *fator tele*. No *Psicodrama terapêutico*, tentou modificar um "comportamento neurótico" de uma criança, por meio de uma preparação prévia do ambiente e dos *egos auxiliares*, estabelecendo objetivos e selecionando o que poderia ser mais "reforçador" (embora sem usar essa expressão em seu relato) para o sujeito; voltou a programar outras "aplicações" de psicodrama para esse organismo infantil, quando o comportamento desejável (do ponto de vista dos pais e de Moreno) se extinguiu.

Bustos, que se refere a uma fase de "furor métrico" de Moreno, expressa deste modo a sua perplexidade, diante de conceitos "operacionais" e de supostos outros "conceitos" do Psicodrama:

> "O fator *e* que Moreno menciona é obviamente com referência à espontaneidade. Espontaneidade e criatividade são também partes essenciais da sociometria. Mas o fator *e* enquanto qualidade das condutas pode substituir o conceito de EU enquanto estrutura?
>
> É aqui onde claramente entra a complementação da teoria psicanalítica.
>
> As propostas de Moreno sobre este tema são postulações ambí-

---

(4) Gonçalves, Camila Salles, A *Batalha da Palavra no Mito Behaviorista*, tese de mestrado, Departamento de Filosofia da F.F.C.L. da USP, 1981.

guas, como por exemplo quando afirma: 'os aspectos tangíveis daquilo que se conhece como *eu* são os papéis com que se opera'.

Se 'opera' há 'operações' . Tais operações podem ser funções de seleção, coordenação de papéis, base de modelos de conduta, centro de aprendizagem, articulação do papel através das transações entre o mundo interno e o externo, centro dos mecanismos defensivos. A articulação e dinâmica entre o papel e o eu central é um tema que precisa de elaboração muito maior.

A partir da interação prolongada de dois papéis complementares, relações diádicas e triádicas, surge o *co-inconsciente*. Talvez um dos conceitos mais ricos e espinhosos das formulações morenianas, constitui-se num 'conteúdo comum' . Moreno observa nestas relações momentos de 'inter-associação' comum. Explora-as através da inversão de papéis na terapia de casais.

Louis Cholden em sua resposta a Moreno na primeira conferência de *Las Bases de la Psicoterapia*, confessa não compreender o alcance desta formulação. Eu devo confessar que me ocorre algo semelhante. Ocorrem-me interrogações, interessa-me, vejo-o fecundo potencialmente, em especial para compreender conceitos tão difíceis como fantasia inconsciente de grupo e aspectos da comunicação no pequeno grupo.

Deixo ambos os temas: o *eu* na Sociometria e o co-inconsciente como propostas para elaboração no futuro."[5]

Os parágrafos acima ilustram dramaticamente o misto de curiosidade científica, senso de realidade e esforço por manter a esperança em seu campo de conhecimento, que acompanham o espanto do psicodramatista, diante dos conceitos e enunciados que deveriam fundamentar o Psicodrama e a Sociometria. Diante desse "samba do crioulo doido", forma sob a qual tantas vezes se apresentam os supostos juízos e conceitos do Psicodrama e da Sociometria[6], Bustos protagoniza um assombro com o qual não é difícil compartilhar.

---

(5) Bustos, Dalmiro, *O Teste Sociométrico,* Brasiliense, São Paulo, 1979.

(6) Para evitar frases longas, vamos convencionar que, quando falamos em "epistemologia do Psicodrama", "Psicodrama como Conhecimento" etc., referimo-nos ao âmbito do Psicodrama *e* da Sociometria.

O estado de saúde conceitual do Psicodrama e da Sociometria que Moreno nos legou, quarenta ou cinquenta anos atrás já era ambíguo e precário. Se realizamos agora a apuração crítica do que então era tido como conhecimento, ou se usamos critérios de epistemologias atuais, o corpo teórico psico e sociodrámatico pode não resistir aos exames necessários. Apesar de tudo, a reflexão filosófica caracteriza-se por transformar o espanto em questões críticas, isto é, em questões sobre as condições de possibilidade de conhecimento efetivo, e não teria, portanto, motivo para se deter prematuramente, diante da aparente fragilidade do objeto.

Em relação aos ideais positivistas de conhecimento, é possível reconhecer que Moreno obteve um resultado, o *teste sociométrico*. Esse instrumento de investigação dos *vínculos afetivos* no interior de um grupo, aponta para fatos observáveis, permite uma quantificação relativa e uma representação gráfica. Além disso e, principalmente, pode ser descrito de forma objetiva, incluindo-se nesta as *operações* realizadas pelo investigador. Sua *repetição* ou *replicação* com os mesmos sujeitos é uma possibilidade altamente discutível, pois a avaliação não solicitada (e "inside the skin" ou "interna") que cada sujeito pode fazer de sua primeiras respostas na primeira execução, prejudica a segunda (mesmo se não se "trabalhou com" os resultados da primeira). Contudo, tal ressalva é válida para muitos experimentos e o teste pelo menos é "digno" de uma avaliação por parte da epistemologia específica das ciências do comportamento.

Se em decorrência de uma certa objetividade corroborada do teste, justifica-se e fundamenta-se em parte o conceito de "*escolha sociométrica*" e talvez um conceito de "tele perceptual", trata-se de exceções no universo conceitual moreniano. A maior parte dos *nomes* que Moreno utilizava eram criados "ad hoc" ou retirados de teorias sociológicas e filosofias que ele conhecia muito mal (o que salta aos olhos do leitor informado medianamente a respeito de qualquer uma destas). Mesmo se pusermos de lado a concepção positivista de conhecimento, o estado dos outros supostos conceitos permanece precário. Admitindo que haja um *outro tipo* de conhecimento dos fatos com que lidamos, sem que definamos ainda as características desse outro tipo e, mesmo que não professemos um furor anti-metafísico, é preciso reconhecer que conceitos só têm significado quando referidos ao contexto teórico que os engedrou.

A leitura atenta dos textos de Moreno capta ecos das leituras que ele fazia espontaneamente e ao léu. Moreno era às vezes nitidamente positivista, vagamente existencialista, inspirava-se em Bergson, em Charles Sanders Peirce, em Rousseau, em Freud, em Buber e citava qualquer pensador que lhe viesse à mente. Se lemos sua obra como um conjunto de ensaios, não temos do que reclamar. Mas parece que não iríamos a parte alguma se quiséssemos afirmar que as inúmeras citações constituem fundamentos teóricos do Psicodrama.

A leitura de pensadores mencionados por Moreno é enriquecedora, mas insuficiente, por si só, para criar uma teoria. Contribuições como a de Alfredo Naffah[7] constituem já uma criação teórica e não um mero resgate das idéias de Moreno.

Não vamos repetir agora os nomes *espontaneidade, criatividade, revolução criadora, tele* etc., que tem sido repetidos até a exaustão durante aulas, seminários e congressos de Psicodrama. Sem dúvida, são nomes que têm *sentido* e já nos dispusemos a apresentá-los de forma simples e concatenada[8]. O fato mesmo de haver no meio psicodrámatico (refiro-me aos psicodramatistas) um certo desalento decorrente da pertinaz repetição desses nomes, talvez constitua indício de que nada mais temos a extrair deles, depois de assimiladas as idéias originais a que se - *referem* (embora haja legitimidade nessa *referência*).

Observando o que se passa hoje com a *psicoterapia psicodramática,* constatamos que os terapeutas utilizam *métodos* comportamentais, fenomenológicos e psicanalíticos. Estamos fazendo uma afirmação sabidamente pouco objetiva, nada rigorosa e que não decorre de uma pesquisa. Propomos que o leitor aceite provisoriamente tal afirmação, para que possamos continuar esta primeira abordagem do Psicodrama enquanto conhecimento. Deliberadamente, deixamos de lado um exame crítico das idéias mais ou menos filosóficas de Moreno, para colocar questões em relação ao *conhecimento* que se pode obter na própria *terapia psicodramática.*

Admitamos que o Psicodrama terapêutico consista, pelo menos em parte, na utilização dos métodos mencionados. O *método comportamental,* de observação objetiva, é utilizado quando o investigador é capaz

---

(7) Naffah Netto, A. - *Psicodrama - Descolonizando o Imaginário,* Brasiliense, São Paulo, 1979.

(8) Gonçalves, C. S., Wolff, J. R., e Almeida, W. C., *Lições de Psicodrama,* Ágora, São Paulo, 1988.

de descrever, sem interferência de seus afetos, o modo pelo qual um único indivíduo, ou os membros de um grupo, entram no recinto, movimentam-se, sentam-se em determinados lugares e fazem uso da palavra numa certa ordem etc. O *método fenomenológico*[9] também é objetivo, mas sua "objetividade" diferencia-se daquela pretendida pelo behaviorista. É de outra ordem, fundamentada pelo princípio da " *intencionalidade* " da *consciência*. Seu objeto é o fenômeno do comportamento, mas do ponto de vista da *intenção* que o anima. Por outro lado, esse objeto também é dado pela "visada intencional" do observador. Não vamos dissertar agora sobre a fenomenologia de Husserl, nem sobre as psicologias e terapias estritamente fenomenológicas que nela se inspiraram.

Recorramos a uma citação para que nos situemos, ainda que de modo muito vago:

> "Observamos, pois, de início, que convém falar de compreensão quando o fenômeno a compreender é animado por uma intenção. Não diremos de um geólogo que ele procura compreender uma pedra; sua tarefa será somente a de analisar sua composição e determinar a época de sua formação, investigar sua proveniência etc. Bem diferente será, ao contrário, a atitude de um arqueólogo ao encontrar um sílex lascado da idade paleolítica: o sílex não remete somente a leis físico-químicas e geológicas, como todas as pedras, mas à *intenção* do homem pré-histórico a que serviu de ferramenta. Não temos mais a ver, conseqüentemente, com um objeto natural, mas com um objeto cultural dotado de uma significação, porque a forma que lhe foi dada trai a *intenção* do artesão. Desse objeto diremos que deve ser *compreendido*, isto é, situado no meio humano que lhe dá seu sentido, que materializa nele a intenção em direção à qual procuramos remontar. O pesquisador estará, aliás, tanto mais consciente do caráter significante do objeto quanto menos desvendada ainda estiver essa significação; o objeto se propõe a ele como um enigma, isto é, como uma questão dirigida ao autor ausente que deixou sobre sua obra o vestígio de uma intenção desaparecida: o que quis ele fazer? O que quis ele dizer?"

---

(9) Dartigues, André, *O que é a Fenomenologia*, Eldorado, Rio de Janeiro, 1973.

O exemplo acima, de uma utilização muito simplificada dos princípios de Husserl, não está aqui para esclarecer de forma suficiente o sentido do *método fenomenológico*. Haveria muito o que comentar sobre os problemas epistemológicos desse método, e sobre as contradições decorrentes de sua utilização "psicológica", em relação à filosofia em que se inspira. Não é este agora o nosso objeto e há bibliografia disponível a respeito de um método fenomenológico para o Psicodrama[10].

Quanto ao *método psicanalítico*, não temos a mínima intenção de sintetizar aqui seus princípios, se é que isso é possível. Mas convém assinalar que a utilização da *contratransferência* é freqüentemente observável em relatos de psicodramatistas, quando estes comentam o modo pelo qual julgam estar "compreendendo" o que se passa com seus clientes. No Psicodrama, desde as origens, a *contratransferência* está confundida com a "sensibilidade télica". A nosso ver, essa confusão atordoa o terapeuta em formação, para quem os mestres dificilmente conseguem mostrar *"de onde tiraram" certos comentários e assinalamentos*. Mas não nos estenderemos neste tipo de avaliação, que, neste contexto carece de legitimidade, pois não vamos esclarecer os significados de *contratransferência* (que comentamos em outro artigo[11]), nem de outros conceitos psicanalíticos. Digamos que essas breves afirmações sobre *tele* e *transferência*, no momento feitas em tom dogmático, figuram aqui só para apontar para um estado de coisas que levanta outras indagações.

Iniciar comentários críticos sobre *métodos de conhecimento da terapia psicodramática* é trabalho que permite desemaranhar a confusão conceitual à medida que nos faz remeter cada conceito para a sua origem teórica. Permite que comecemos a reconhecer que é preciso consultar uma *epistemologia das ciências do comportamento*, uma *epistemologia da psicanálise*, uma *epistemologia fenomenológica*. Por outro lado, notamos que, sejam os métodos mencionados aqueles que de fato usados no Psicodrama, sejam outros, a verdade é que todos eles qualificam, adjetivam, determinam espécies, tipos de *psicodrama terapêutico*[12] O que todos têm em comum é a *dramatização* que também devemos, em princípio, enten-

---

(10) Almeida, Wilson Castello de, Formas de Encontro - Psicoterapia Aberta, Ágora, São Paulo, 1988.

(11) Gonçalves, Camila Salles, Psicodrama com Crianças - uma Psicoterapia Possível, Ágora, São Paulo, 1988.

(12) Não abordaremos, neste primeiro artigo, o problema epistemológico de outros psicodramas.

der como *forma de conhecimento*. Afinal, todos os métodos mencionados podem ser adotados em terapias ou em sessões de terapia em que a dramatização não ocorre. Podem estar, de um modo legítimo ou discutível, associados com o método da *ação dramática*, mas seriam insuficientes para traduzir a singularidade desta atividade, que constitui a essência do Psicodrama.

Para examinarmos o tipo de conhecimento atingido por um *protagonista* na dramatização, não podemos partir de uma epistemologia que investiga os enunciados científicos e os conceitos, ou seja, não podemos partir apenas daquilo que, em suas epistemologias, Bachelard chamou de *filosofia diurna*. Entretanto, talvez possamos nos inspirar no Bachelard *noturno*, que tematizou a intuição, a inspiração e o "fazer" da imaginação.

Claro que não é por acaso que nos socorremos de um filósofo também dividido entre o espírito científico objetivo e a investigação do poético, da imaginação, da fabulação. Dá a impressão de "combinar" com Moreno. Porém, verdadeira ou não, a opinião que possamos ter a respeito de afinidades entre Moreno e Bachelard só nos conduziria a mais um estudo de "correlações" entre pensadores ou a permanecermos na mesma situação de recorrer a mais um filósofo para retomar os temas morenianos. Por mais que este tipo de atividade intelectual seja fascinante e possa eventualmente mostrar-se produtivo, ele não conduz a um exame *crítico*, isto é, *a um exame* daquilo que é possível conhecer na *dramatização*.

O método fenomenológico pode ser utilizado para investigar o que se passa numa *dramatização*, o método psicanalítico para trabalhar com o que é dito nessa dramatização. Mas são métodos que permitem conhecer mesmo que a *ação* dramática não ocorra. Consideremos agora uma idéia de Bachelard que pode abrir um caminho para que compreendamos a peculiariedade do conhecimento que pode resultar da ação dramática.

O psicodrama é "Stegreiftheater", isto é, teatro do *improviso*. Vamos pôr entre parênteses a questão a respeito de o inconsciente determinar ou não as cenas que o protagonista realiza a partir de sua imaginação. Esta é uma questão para um tratamento epistemológico do psicodrama analítico, que não iniciaremos agora.

99

Bachelard destacou a *autonomia da imaginação*. Polemizou, criticando o intelectualismo de vários filósofos e a tendência, que atribuía à psicanálise, a compreender as imagens apenas como símbolos. Escreveu:

"A psicanálise se contenta em definir as imagens por seu simbolismo".[13]

A respeito do "psicanalista", assinalou algo que se encaixa na atitude epistemológica de alguns psicodramatistas contemporâneos:

"Para o psicanalista, a fabulação é considerada como ocultando alguma coisa. É uma cobertura. É, portanto, uma função secundária."

Bachelard propôs uma *teoria do conhecimento* que compreende uma *teoria da imaginação*, apontando para a essência dessa "faculdade", pretendendo que esta teria escapado a todos os outros filósofos que a abordaram. Dentre estes, Sartre, que investigou a *imagem*[14] e o *imaginário*[15], teria privilegiado apenas o modelo visual de surgimento da imagem. Sem que avaliemos agora o juízo que Bachelard faz do tratamento sartreano da questão, consideremos um parágrafo do próprio Sartre:

..."O devaneio não é o sonho: o homem que a ele se abandona conta a si mesmo *histórias nas quais não crê* e que, no entanto, são coisas diferentes dos simples juízos abstratos. Há aí um tipo de afirmação, um tipo de existência intermediária entre as asserções falsas do sono e as certezas da vigília: e esse tipo de existência é evidentemente o das criações imaginárias. Fazer das imagens atos judicativos é conferir muita coisa a elas.

Mas é também não lhes dar o bastante. É preciso, no entanto, voltar aos dados da consciência. Quando evoco a imagem de meu amigo Pedro, não faço um juízo falso sobre o estado de meu corpo: mas meu amigo Pedro *me apa*rece; não me aparece, certamente, como *objeto*, como atualmente presente, como 'aí'. Mas me aparece em *imagem*. Sem dúvida, para formular o juízo 'te-

---

(13) Bachelard, apud Motta Pessanha, Introdução, in Bachelard, Gaston, O *Direito de Sonhar*, Difel, São Paulo, 1985.

(14) Sartre, Jean-Paul, *A Imaginação*. Difusão Européia do Livro, São Paulo, 1964.

(15) Sartre, Jean-Paul, *L' Imaginaire*, Gallimard, Paris, 1964.

nho uma imagem de Pedro', convém que eu passe à reflexão, isto é, que dirija minha atenção não mais para o objeto da imagem, mas para a própria imagem, como realidade psíquica. Mas essa passagem à reflexão não altera de forma nenhuma a qualidade posicional da imagem. Não é um despertar, uma reparação; não *descubro* subitamente que formei uma imagem. Bem ao contrário, no momento em que faço a afirmação 'tenho a imagem de Pedro', me dou conta de que *sempre soube que era uma imagem*. Somente, sabia-o de uma outra maneira: em uma palavra, esse saber se identificava com o ato pelo qual eu constituía Pedro em imagem.

A imagem é uma realidade psíquica certa; a imagem não poderia, de maneira alguma, reduzir-se a um conteúdo sensível nem constituir-se com base em um conteúdo sensível: tais são, pelo menos o esperamos, as constatações que se impõem no fim desta exposição crítica. Se queremos ir mais longe é preciso retornar à experiência e descrever a imagem na sua plena concreção, tal como aparece à reflexão.

Mas como evitar os erros que assinalamos? (...)"[16].

Não há dúvida de que a fenomenologia sartreana da *imagem* também é de grande interesse para quem se dedica a reflexões sobre a teoria e a prática do Psicodrama. Mas, além do efeito desvendador que possam ter, em si mesmas, as questões levantadas por Sartre na citação acima estão relacionadas com *avaliações críticas* que ele, como Bachelard, fez de outras teorias e da sua própria. Ambos os filósofos avaliaram as condições epistemológicas de suas próprias investigações.

As teorias filosóficas podem oferece caminhos para o psicodramatista interessado em pensar a respeito do poder criador das *fantasias* de seus clientes, para além das possibilidades de manifestação do inconsciente (questão esta, para as epistemologias da Psicanálise). Contudo, notemos que as divergências entre os dois filósofos situam-se, na polêmica em relação aos objetos de investigação, *a imaginação*, *a imagem*, em um primeiro nível; em relação ao modo de abordar esse objeto, em um

---

(16) Sartre, Jean-Paul, *A Imaginação*.

segundo nível, epistemológico. Apesar de fazermos algumas colocações que se situam nesse segundo nível de reflexão filosófica, cumpre observar que não estamos confundindo a tarefa do filósofo com a do terapeuta que se pergunta (mesmo que o faça filosoficamente) sobre a especificidade de sua prática. Para este, há sempre uma escolha possível de pressupostos teóricos que, se é *crítica*, jamais é *dogmática*. Porém devemos esperar que ele priorize não o exame das teorias, mas o da sua própria experiência prática (que sempre se dá à luz de alguma teoria, seja esta clara ou confusa).

Voltando a Sartre e a Bachelard, resguardando-nos, no momento, de enveredar pela polêmica entre eles, retenhamos provisoriamente o que *ambos* realizaram, teorias que examinaram as condições de se distinguir uma *"realidade" própria da imaginação*.

Bachelard deteve-se na investigação das características essenciais do *fazer*, do *produzir* a imagem; criou belos textos sobre o fazer nas artes plásticas e sobre a poesia, que podem nos auxiliar, inspirando nossas indagações diante da peculiaridade da produção *psicodramática*. É sua esta definição:

> "A imaginação não é, como sugere a etimologia, a faculdade de formar imagens da realidade; ela é a faculdade de formar imagens que ultrapassam a realidade; que cantam a realidade. É uma faculdade de sobre-humanidade[17]".

Sem nos impressionarmos em demasia com o tom grandiloqüente que lembra o de certos textos de Moreno ("sobre-humanidade"), utilizemos essa idéia, para pensar a respeito da *encenação* no Psicodrama. As *cenas* são *criadas* pelo protagonista e pelo diretor, no decorrer de uma experiência que não se reduz a cadeias de aparição de símbolos que remetem para uma outra "realidade".

Moreno caiu na tentação de "processar" o "onirodrama" (embora não usasse nenhum desses nomes para a sua prática), realizando uma leitura precária de *conteúdos* "manifestos" e "l atentes" (usou de fato essa terminologia)[18], de dramatizações que dirigiu, utilizou uma psicanálise

---

(17) Sartre, Jean-Paul, *L' Imaginaire*.

(18) Moreno, J.Levy, *Psicoterapia de Grupo y Psicodrama*, Fondo de Cultura Econômica, México, 1966.

mal assimilada e não se deteve o suficiente para examinar a singularidade dos resultados do procedimento que estava criando.

Convém observar que não estamos nos opondo às tendências psicanalíticas no Psicodrama (pessoalmente, nossa escolha tem sido a de desenvolver uma forma de psicodrama analítico[19]). Não é do ponto de vista do método escolhido por um ou outro terapeuta que estamos refletindo. Falamos da especificidade do conhecimento que, supostamente, pode ocorrer na experiência da *produção da cena dramática*.

Apropriemo-nos de um comentário de Motta Pessanha, especialista na obra de Bachelard, para termos uma idéia mais nítida da teoria deste filósofo sobre" o reino da imaginação criadora":

" Bachelard parece perceber – sobretudo depois das novas geometrias e do surrealismo – que a tentação de Santo Antão, na versão pictórica de Bosh, é na verdade a abertura para o reino da imaginação criadora. A lascívia que atormenta o eremita é de fato a possibilidade, para o imaginário (científico ou poético), de novas sintaxes, de novos jogos de signos, independentes do discurso prosaico do mundo habitualmente dado aos sentidos, esse *habitat,* esse hábito-mortalha para a criação científica e artística. A tentação do asceta é, na verdade, a oportunidade recusada .de assumir a luxúria fecundante do devaneio criador, transfigurador, operante. O pecado de Santo Antão é recusar a tentação, é o pecado cartesiano-cristão de rejeitar a ação liberadora da imaginação imaginante, da imaginação que cria uma instância que lhe é própria, autônoma, 'tautegórica', irredutível.

O mesmo pecado de Freud e Sartre[20]".

Consideramos as leituras de Freud e de Sartre, feitas por Bachelard, altamente discutíveis. Mas a teoria bachelardiana segundo a qual a imaginação é autônoma na criação de seus próprios jogos de signos, abre um campo de investigação, permite que destaquemos essa criação de imagens que se reitera sobre si mesma (numa espécie de tautológica) e recoloquemos a questão da sintaxe das imagens dramáticas produzidas pelo psicodramaturgo (protagonista ou diretor).

A partir do momento em que pomos essa produção dramática

_____

(19) Gonçalves, Camila Salles, *Psicodrama com Crianças – uma Psicoterapia Possível.*

(20) Bachelard, ob. cit.

como objeto de teorias criticáveis pela epistemologia, coloca-se também, a questão da escolha do próprio ponto de vista epistemológico. A partir de critérios examinados as teorias sobre a produção dramática?

Por outro lado, na medida em que entendemos o próprio *fazer* dramático como uma forma de *conhecimento* (seja conhecimento que implica em um determinado tipo de criação), talvez não precisemos seguir apenas as idéias de Bachelard, que também merecem "um escrutínio crítico". Por exemplo, até agora não temos motivo para concordar, apriori, com a afirmação de que a fenomenologia sartreana seja de fato insuficiente para captar a especificidade da imagem e para nos remeter para o *vivido* na criação dramática de imagens. Afinal, podemos também, dos ensaios deste filósofo, extrair um método fenomenológico voltado para a especificidade da visada intencional para a cena e para a criação da cena.

Nada garante que a psicanálise não se tenha tornado capaz de gerar um método, para além da abordagem do imaginário como algo que só está "aí" para ser decifrado. Ainda, devemos destacar o fato de nunca ter havido, no meio psicodramático, uma discussão suficiente da obra de Alfredo Naffah, *Psicodrama – Descolonizando o Imaginário*, que além de compreender uma abordagem crítica de Moreno e de Bergson, é uma leitura do psicodrama baseada em Merleau – Ponty, em que se delineia uma outra fundamentação fenomenológica[21].

Tudo indica que os psicodramatistas carecem do conhecimento e de um primeiro acordo a respeito de uma teoria satisfatória (provisoriamente, é claro) sobre a produção imaginária envolvida nos dramas encenados.

Nesta primeira abordagem epistemológica da *sessão de psicodrama*, pudemos, até aqui, apenas apontar para a importância fundamental de teorias que possam fornecer instrumentos para a investigação específica do drama imaginário encenado. A ausência de tematização da *imaginação teatral* nos estudos teóricos conhecidos, além do mencionado, apresenta-se como uma espécie de *obstáculo epistemológico*. Com

---

(21) Naffah Netto, A. - *Psicodrama - Descolonizando o Imaginário*, Brasiliense, São Paulo, 1979.

este conceito de Bachelard, queremos dizer que estamos diante de um *fato*, o uso da dramatização e seus efeitos, que escapa ainda ao "esforço de racionalidade e de construção que deve deter a atenção do epistemólogo."[22]

Se seguíssemos Bachelard, seria o momento de iniciarmos uma "psicanálise da razão psicodramática", pois para ele, "discernir obstáculos epistemológicos é contribuir para inaugurar os rudimentos de uma psicanálise da razão."

Contudo, essa psicanálise de que ele fala, tem muito pouco a ver com a de Freud. Trata-se, antes, da proposta de "dar enfim, à razão, razões de evoluir", instigada pelo próprio obstáculo. Este serve para que o conhecimento enfrente sua própria dialética, reexaminando seus pressupostos, supostos objetos e chegue a novas sínteses.

Seja qual for o filósofo que nos inspira, parece que é hora de parar de remexer nos velhos escritos de Moreno, querendo "tirar leite das pedras". Não estará lá a teoria da *imaginação* e da *fantasia* de que o Psicodrama precisa. Estaremos, como Santo Antão, resistindo a tentação de admitir a "presença" das imagens e com medo de "evoluir"?

É claro que encontraremos alguma "centelha" no museu de Moreno. Afinal, sua intuição primeira, sobre o conhecimento a partir da *encenação da fantasia*[23], é a intuição originária e fundadora da terapia psicodramática.

Parece que é tarde demais, para ficarmos *fazendo de conta* que podemos permanecer *ingenuamente* com Moreno ou que podemos nos contentar com meia dúzia de referências poéticas a respeito do "vivido" e do "revivido".

Mantenhamos perguntas, para uma próxima oportunidade: qual é o poder transformador da dramatização? Por que *dramatizar* permite perceber alguma coisa de uma outra forma? Trata-se mesmo de "perceber"? Em que sentido?

---

(22) Bustos, Dalmiro, *O Teste Sociométrico*, Brasiliense, São Paulo, 1979.

(23) Abordamos este assunto no último Congresso Brasileiro de Psicodrama em Salvador.

CAPÍTULO VIII

JACOB LEVY MORENO E MARTIN BUBER: UM ENCONTRO

Newton Aquiles von Zuben

Não está em minha intenção estabelecer as circunstâncias históricas de um real ou suposto encontro entre estas duas significativas personalidades do século XX. Outros autores já dedicaram seus esforços em traçar o paralelo entre ambos com muita propriedade e competência. Ilustra este esforço, entre nós, o estudo elaborado pelo amigo Dr. José Fonseca, notório conhecedor da obra de Moreno[1]. Outros autores fazem referência, em suas obras, a uma suposta influência que teria exercido um sobre o outro. Não me assiste competência para elaborar um estudo de tal envergadura, uma vez que pouco conheço da obra de J.L. Moreno.

O que pretendo é bem modesto. Tento aqui esclarecer alguns pontos e, mais, apresentar pistas de investigação que levam no sentido de um "encontro" de idéias, onde dois pensadores chegaram independentemente um do outro às mesmas meditações sobre o tu, o diálogo, o encontro.

Naquilo que se refere às aludidas influências, supostas ou reais, minhas afirmações sustentam seu valor e veracidade nas obras de autores que se consagraram ao estudo de Moreno. O valor ou a importância dessas obras analíticas não será posto em questão, no momento; falta-me base para tanto. Recebo as informações tal como expressas nas aludidas obras. Tais são os limites de meu trabalho. A oportunidade é favorável, no entanto, para tecer algumas considerações sobre o sentido e a gênese do que se poderia denominar "pensamento dialógico" de Martin Buber, desde o período de maturação, até a publicação de sua obra central, *EU*

---

(1) Fonseca, J.S. – *Psicodrama da loucura*. Ed. Ágora, São Paulo, 1980.

E TU. Espero contribuir para o conhecimento de um pensador não tão conhecido entre nós mas que por vários motivos é um marco na história recente da humanidade[2].

1. O Encontro J. L. Moreno – Martin Buber

O que conheço sobre a relação entre os dois pensadores está consignado em obras do próprio Moreno e em estudos sobre as mesmas ou sobre o Psicodrama. Devo reconhecer que minhas informações são limitadas; por isso o caro leitor irá desculpar o fato de não ter podido, em breve espaço de tempo, ampliar as fontes de referências.

Um ponto chamou-me a atenção: encontrei na obra de Moreno alusões ao pensamento e obra de Buber e, mesmo assim, de modo tangencial. Não encontrei uma única alusão a Moreno ou à sua obra nos escritos de Buber. A passagem mais clara de referência a Buber encontra-se em *Psicoterapia de grupo e Psicodrama*, à pág 135 da edição brasileira. A rigor não se pode considerar uma crítica, como tentarei mostrar mais adiante. Outros autores renomados fazem alusão, seguindo referências do próprio Moreno, a uma colaboração de Martin Buber à revista DAIMON, dirigida por Moreno. É o caso de ROJAS-BERMÚDEZ, em sua *Introdução ao Psicodrama*, quando trata da história do Psicodrama. Entre alguns autores brasileiros também encontram-se referências a esta colaboração. A colaboração seria uma ocasião de encontro entre os dois pensadores. Tais referências se fundam, parece, sobre depoimento de Moreno que enumera Buber e, entre outros, Max Scheler, como colaboradores da revista. E Moreno dá esta informação em nota de sua obra "Las bases de la psicoterapia"[3]. Eugenio G. Martin chega a afirmar laconicamente que "Moreno

---

(2) Remeto o leitor interessado aos meus estudos sobre Buber:
- "O sentido das "palavras - princípio" na filosofia da relação de Martin Buber." Revista da PUC-SP. vol. XLV dezembro 1975.
- "Eclipse do humano e a força da palavra: Martin Buber e a questão antropológica". REFLEXÃO. Rev. da PUC-Campinas nº 13-1978.
- "O primado da presença e o diálogo em Martin Buber. "REFLEXÃO" PUC-Campinas. nº 23.
- "Martin Buber e a nostalgia de um mundo novo." REFLEXÃO. PUC-Campinas. nº 30.
- "Diálogo e existência no pensamento de Martin Buber" em "Psicologia e Fenomenologia". Edit. FORGHIERI, Y-. Ed, Cortes. São Paulo, 1984.

(3) Citado por Martin, E.G.– *J. L. Moreno: Psicologia do encontro*. Duas Cidades, São Paulo, 1978. pág. 28

não concorda com o pensamento de Buber e, sem dúvida (sic!) Martin Buber é um dos colaboradores da revista Daimon, dirigida por ele". Presume-se, por acaso, que colaboradores devam concordar entre si? A questão não é tão isenta de dúvidas. E sobretudo, que importância dar a uma informação fornecida de modo tangencial? Por que interessava-se Moreno em declarar Buber e Scheler como colaboradores da revista? Infelizmente não pude ter acesso aos números desta revista para poder esclarecer melhor a questão. Sendo assim só me é permitido levantar dúvidas. O que pode intrigar é o fato de, a meu conhecimento, não existir registro algum do episódio da colaboração em nenhuma das mais categorizadas biografias de Martin Buber, como por exemplo, o importante livro de HANS KOHN – *Martin Buber sein Werk und sein Zeit* (Mezler Verlag Köln, 1961, 484 págs.). Do mesmo modo em nenhuma das bibliografias – oficiais – estabelecidas que trazem a obra completa de Martin Buber, como por exemplo, a compilada pelo renomado estudioso da obra buberiana, o prof. Maurice Friedman publicada em "The philosophy of Martin Buber"[4], onde não há menção de qualquer trabalho publicado por Buber nessa revista na época. Tem-se registro de publicações de Buber nas seguintes revistas entre 1904 e 1923: Dei Zeit, Jüdisches Rundschau, Die Welt, Masken, Der Jude, Der Neue Merkur. Por isso, fica prejudicada a suposição de que tenha havido encontro entre Buber e Moreno como colaboradores na citada revista.

O mesmo ocorre a respeito de Max Scheler, em cuja bibliografia e biografias não encontrei referências a publicações na referida revista. As possíveis lacunas na informação sobre a colaboração podem ter interesse somente na medida em que pode haver a suposição de que os dois autores – Moreno e Buber – tenham mantido contatos periódicos, ocasião em que teriam discutido suas respectivas idéias. Como não há registro explícito da parte de Buber, pode-se aceitar como plausível o fato de que para Buber essa presumida colaboração não tenha tido excepcional importância. Aliás, na ocasião, as preocupações de Buber estavam direcionadas quase exclusivamente para investigações no domínio religioso de seu "pensamento dialógico".

No que concerne uma possível influência de um sobre o outro no que se refere às suas respectivas concepções sobre o "encontro" ou sobre a interação humana, prefiro ver a coisa de um modo um tanto dife-

---

(4) Editado por Schillp, P. e Friedman, M. Cambridge Univ. Press. 1967.

rente. O que é mais notável e significativo, na verdade, é que, entre os dois pensamentos, gerados e amadurecidos num campo comum – a religiosidade do hassidismo – e sem vínculo comprovado entre ambos, tenha havido um paralelismo, ou uma rara coincidência, na história das idéias, de dois pensadores que chegaram, independentemente um do outro, às mesmas concepções básicas. Caso semelhante ocorreu entre Buber e o escritor católico, austríaco também, Ferdinand Ebner, que, à mesma época, publicou "*Das Wort und die geistigen Realitäten*" (As palavras e as realidades espirituais). Diferentes críticos analisaram a questão e todos chegaram à conclusão unânime de um paralelismo de linhas de pensamento e de descobertas, sem que ambos tivessem conhecimento prévio da obra do outro. A esse respeito Buber afirma: "o livro (de Ebner) mostrou-me, como nenhum outro desde então, em certas partes numa contigüidade quase inquietante, que homens de diferentes espécies e tradições puseram-se nestes nossos tempos a procurar o tesouro enterrado".[5] O mesmo ocorreu com Gabriel Marcel, filósofo francês, vinculado ao denominado existencialismo francês, cristão. Assim este filósofo se expressou no prefácio à tradução francesa de *EU E TU* : "Creio poder dizer que Martin Buber e eu tivemos a mesma surpresa, quando cada um de nós, a seu modo, constatou que cada um paralelamente ao outro, sem conhecimento prévio, desenvolveu a mesma investigação sobre a originalidade do Tu."[6]

Como fontes inspiradoras de seu "pensamento dialógico", Buber reconheceu como predecessores Friedrich H. Jacobi (1775) e Ludwig Feuerbach no sec. XIX. Influência propriamente dita na preparação de *EU E TU* e na obra recentemente publicada "Religion als Gegenwart" (Religião como presença), conferências proferidas em 1922, cuja temática e conteúdo influenciaram decisivamente na redação definitiva de *EU E TU* (terminado também em meados de 1922), deve-se reconhecer ter sido exercida pelo seu amigo Franz Rosenzweig com sua importante obra "*Stern der Erlö sung* " (Estrela da Salvação), publicada em 1921, da qual Buber tinha conhecimento quando trabalhava em seu *EU E TU*. Não posso afirmar com segurança que houve influência de Moreno sobre

---

(5) Buber, M. – Posfácio à "História do Princípio dialógico" em *Do diálogo e do dialógico*. pág. 164-65. Editora Perspectiva, São Paulo, 1982.

(6) Buber, M. *JE ET TU*. Ed. Aubier, Paris, 1969, pág. 5

Buber. Desconheço informações sobre o conhecimento de Buber sobre a obra "*Einladung zur eine Begegnung*" de Moreno. Do mesmo modo não me assiste competência para argumentar em prol de uma possível influência de Buber sobre Moreno, não só através de escritos sobre o Hassidismo ou de *EU E TU*, que sabidamente não agradou a Moreno, mas sobretudo através de estudos posteriores desenvolvidos por Buber na trilha do "princípio dialógico". Como já disse antes, Dr. Fonseca consagrou parte da obra já citada ao estudo de temas comuns aos dois autores.

De qualquer modo, é interessante notar a existência de um mundo comum dando à luz projetos de certo modo diferentes mas paralelos.

2. A crítica de Moreno

Tanto quanto possa estar informado, Moreno refere-se a Buber, em termos críticos, na sua obra *Psicoterapia de grupo e psicodrama*, quando, no capítulo IV, estuda o tema das "Modificações dos métodos psicodramáticos". Analisa nesse tópico as contribuições de Bergson com a noção de "espontaneidade" e de G. Mead com a "teoria dos papéis". "Martin Buber, afirma ele, tentou incorporar seu pensamento em outro domínio, o domínio religioso. Minha concepção e significado central baseiam-se no encontro e na mudança do tema do "eu" e do "tu" e na pesquisa do pensamento. É no plano religioso que, novamente, surgem as diferenças no conceito de auto-realização. Buber, o autor, não fala com seu próprio "eu" para um "tu", o leitor; o "eu" de Buber não sai do livro para encontrar esse "tu". Buber e o encontro permanecem presos no livro. Isso é escrito, abstratamente, na *terceira* pessoa. É uma abstração do vivente, e não o próprio vivente. A obra de Buber é uma intelectualização daquilo que apenas tem sentido como "existência". A verdadeira conseqüência de um *Baalschem* é apenas um novo *Baalschem*."

"O diferente significado, prossegue Moreno, da noção de "eu" e "tu" é compreensível quando se toma consciência de que Buber foi um filósofo religioso e historiador; ele não transferiu essa sabedoria para a sua própria situação de autor. Era um poeta do *Baalschem* e seu intérprete filosófico, um intérprete, entretanto, que não tinha em vista a continuidade do *Baalschem*; Buber permaneceu preso à estética. Tentou

110

dirigir-se tanto aos intelectuais como aos *hassidim*. Não se pode servir a dois deuses. Os psicodramatistas modernos estão mais próximos de *Baalschem* que seu continuador Buber"[7].

Não se pode qualificar estas observações de Moreno, na verdade, tangenciais, como sendo uma verdadeira crítica. Na realidade, creio não ter sido a pretensão de Moreno atender às exigências de uma verdadeira crítica interna de uma obra. Para não se reduzir a um simples exercício estéril, a crítica deve reconhecer o adversário, encarando seriamente sua tentativa, pronto a perceber e fazer perceber que tal tentativa leva, eventualmente, a um impasse ou permanece aquém daquilo que pretendera ser. Nas palavras de Hegel, "suprimir o reconhecimento (do outro) só permanece a manifestação de duas subjetividades que se opõem" e, a única posição da crítica é a reprovação. A crítica *externa* se reduz a um confronto de forças, a um esforço de cada adversário em fazer prevalecer seu ponto de vista, parcial, contra outros pontos de vista menos parciais; ela se resume numa polêmica sectária. Deste modo a defesa da verdade transveste-se em dogmatismo, deixando os eventuais opositores inalterados e reforçados em sua posição inicial. Tal é a característica de uma crítica *externa* que se esteriliza em sua ineficácia, podendo mesmo produzir um efeito contrário ao intencionado. Além de ineficaz, toda crítica externa revela-se incapaz de transformar o objeto de crítica, ao desqualificar, de antemão, qualquer exigência de leitura interna. A crítica externa é ineficaz pois deixa intactos o pensamento ou a obra criticados, e leva até a tachá-los, inexoravelmente, como insignificantes.

As observações de Moreno, no que insinuam, denotam certa ignorância de sua parte a respeito da gênese e do sentido amplo do pensamento de Buber que, à época em que foi publicada a primeira edição alemã da citada obra de Moreno-1959-, já havia avançado e explicitado amplamente seu pensamento em inúmeros estudos sobre o "princípio dialógico". Moreno parece visar o estilo de Buber. "Buber, o autor, não fala com seu próprio "eu" para um "tu", o leitor." Realmente o "diálogo" entre o autor de um livro e seu leitor não é o exemplo mais significativo de um "encontro". Pode-se, ademais, perguntar se Moreno ou qualquer outro autor não são passíveis da mesma observação. Há sempre um

---

(7) Moreno, J.L. – *Psicoterapia de grupo e psicodrama*. Ed. Mestre Jou, São Paulo, pág. 135

esforço – nem sempre conseguido, aliás, – de um autor em "dialogar" com seu leitor.

Após *"Daniel "* (1913), obra da época denominada, por intérpretes, místico-existencialista, obra da "filosofia da realização", Buber consagra seus esforços ao estudo da idéia de religião que culmina, em 1922, com as conferências "Religião como presença", proferidas na Lehrhaus de Frankfurt, a convite de seu amigo F. Rosenzweig. Nestas conferências, Buber teve a oportunidade de discutir e dialogar com seus ouvintes, reunidos em pequenos grupos, após as palestras. A partir desse estudo Buber completou a redação definitiva de *EU E TU*, sobretudo na sua terceira parte. Assim pode-se considerar esta obra como um exemplo de origem e germinação oral (as conferências) e dialógica de um texto clássico.

Buber, na verdade, sempre buscou o diálogo não só como encaminhamento teórico para seus anseios de existência comunitária entre os homens mas também na sua vida pessoal. Há inúmeros depoimentos nesse sentido. Digna de nota a afirmação de Gaston Bachelard na introdução à tradução francesa de *EU E TU*. "É preciso, diz ele, ter-se encontrado com Martin Buber para compreender, no instante de um olhar, a filosofia do encontro, esta síntese do acontecimento e da eternidade"[8]. Ouso até afirmar que Moreno nunca tenha tido um encontro com Buber, não só no sentido vulgar do termo, mas também no sentido em que o entendem ambos os autores, como a realização concreta e presente de uma relação dialógica. É bem provável que Moreno só tenha tido conhecimento de Buber, o autor. Deste modo, o "eu" vivente de Buber não tenha podido proferir "tu" autenticamente ao "eu" de Moreno e este não tenha respondido, na reciprocidade, à interpelação.

3. Moreno e o Hassidismo

Desconheço qualquer trabalho publicado por Moreno sobre o Hassidismo. No que se refere às breves referências críticas sobre a posição de Buber face a esta mística judaica, devem-se considerar dois pontos. Em primeiro lugar, é muito difícil apreender, destas passagens, qual a concepção de Moreno, assim como o sentido das possíveis influências que tenham sido exercidas sobre ele. Em segundo lugar, parece-me que, levando-se em conta a crítica já citada, Moreno não assimilou bem o sen-

---

(8) Buber, M. – *JE ET TU*. Ed. Aubier, Paris, pág. 7.

tido da posição de Buber face ao Hassidismo, sua interpretação deste movimento místico e suas relações com ele, e mais, como o Hassidismo se insere no projeto mais amplo de Buber, àquela época. É reducionista a afirmação de que "Buber permaneceu preso à estética" (pág.135, opus cit.)

Em seu *"Mein Weg zum Chassidismus"*, Buber afirma: "meu encontro (Begegnung) com o Hassidismo foi, dentre todos os meus encontros com forças espirituais, talvez a mais significativa e certamente a mais fecunda". O seu primeiro encontro com este movimento místico se deu, na infância, durante 10 anos (dos 4 aos 14 anos) em que passou junto com os avós paternos na cidade de Sadagora. Tal encontro aconteceu "como uma criança faz a experiência de tais coisas, não ao nível do pensamento, mas ao nível da imagem e da sensibilidade" (Mein Weg. pág. 11). O "re-encontro" se deu por volta de 1904, quando Buber estava com 24 anos, recém doutorado. A preocupação maior de Buber nas duas dezenas de anos que se seguiram foi centrada na idéia de renovação espiritual do Judaismo. Assim, foi levado ao estudo da mística judaica tomando conhecimento com as fontes do movimento hassídico. Foi Buber quem revelou ao ocidente o Hassidismo, antes conhecido só por iniciados. Já em 1906 publicou "As estórias do Rabi Nachman" e "As lendas dos haddidim"; em 1908 "As lendas do Baalschem". Porém o próprio Buber afirmou que só em 1910 atingiu uma compreensão mais segura e fundamentada das fontes. (Cfr. Buber– "Reply do my critics"– em *The philosophy of Martin Buber*). Para Buber a "renovação" do Judaismo passava necessariamente pelo Hassidismo. Por esta razão ele dedicou longos anos de sua vida ao estudo minucioso das fontes, da história e da doutrina desta corrente mística, tornando-se assim um de seus mais renomados intérpretes.

Quanto a Moreno, os autores são reticentes e não aprofundam suas análises. Fundamentam suas afirmações em depoimentos pessoais do próprio Moreno. Sarró por exemplo afirma de modo decisivo que "se em vez de se tratar de psicoterapia, falássemos de história da religião, seria provável que Buber e Moreno aparecessem em nosso capítulo sob a epígrafe de neo-hassidismo"[9].

Presumo que este autor tenha realizado estudo minucioso das obras "A divindade como autor", "A divindade como interlocutor" e "A di-

---

(9) Sarró, – "Jacob Moreno: la era de los grupos". Citado por E. GARRIDO op. cit. pág. 29

vindade como comediante". Não posso aceitar que Sarró tenha fundamentado tal afirmação unicamente em depoimento pessoal de Moreno. Como afirma Sarró:" Reconheceu (Moreno) em conversas pessoais, que havia estudado o mestre do Baalschem" (citado por Eugenio Garrido Martin, pág. 28).

No que se refere a Buber, Sarró, cujo conhecimento da obra de Buber não posso avaliar, tem razão sobre a epígrafe, se fosse o caso de se apresentar alguma classificação. Mesmo assim há de se perguntar o que exatamente quer significar com neo-hassidismo. No entanto, não me parece aceitável situar Buber e Moreno no mesmo nível de importância na história deste movimento místico, sem que sejam esclarecidas de modo mais aprofundado as relações de Moreno com o Hassidismo e também a sua concepção deste movimento. De qualquer modo pode-se reconhecer que o Hassidismo foi o campo onde germinaram as principais idéias que culminaram com a expressão madura do " pensamento dialógico ".

Conclusão : um mundo, dois projetos.

A riqueza do paralelismo entre os dois autores já tem sido analisada por diversos autores entre os quais destaco, novamente, a obra de Dr. Fonseca. Um ponto, no meu entender, merece, entretanto, maior destaque, dada a significação na vida e obra tanto de Moreno quanto de Buber. Limito-me a breves indicações, pois o âmbito deste trabalho não permite aprofundá-lo. Trata-se da presença marcante e significativa para o pensamento de ambos de *um mundo*, prévio a qualquer tematização ou teorização, o mundo das experiências ou vivências pessoais, verdadeiro marco originário ao qual todo pensamento deve estar vinculado e sempre recorrer como sua fonte originária.

Tanto Moreno quanto Buber fazem referências a *eventos* vividos em certos momentos de suas vidas que permaneceram como que *atuais, presentes*. São vivências que transcendem o simples "fato" e se inserem no âmbito do "acontecimento". Não pertencem simplesmente à história de cada um mas geram esta história, fertilizam o transcurso da existência concreta. Moreno cita os seguintes eventos: 1) A brincadeira de ser Deus; 2) A revolução nos jardins de Viena; 3) A dramatização realizada em 1921; e 4) o caso Bárbara.[10] Buber cita os seguintes : 1) A convivência com

---

(10) Moreno, J. L.- *Psicodrama* págs. 50-53, Ed. Cultrix, São Paulo, 1975 cfr. também Rojas-Bermúdez – *Introdução ao psicodrama*. págs. 132-33.

comunidades hassídicas, quando criança; 2) O " encontro " com o cavalo, aos 11 anos de idade na casa dos avós; 3) A conversação em um bar com uma pessoa que veio encontrar-se com Buber após uma conferência; 4) A troca de olhares com um desconhecido por ocasião de uma passeata política. Finalmente, talvez a mais significativa de todas, Buber relata também em sua "Autobiografia", cujo título em alemão é *"Begegnungen, Autobiografische Fragmente"*. Permita-me o leitor citar o texto um tanto longo, mas é importante para se apreender seu estilo. "A casa onde moravam meus avós tinha um grande átrio com um balcão de madeira em sua volta, em cada andar. Vejo-me ainda, quando não havia completado 4 anos, em pé junto àquele balcão na companhia de uma menina, alguns anos mais velha do que eu, que, a pedido de minha avó, tomava conta de mim. Nós dois estávamos apoiados na balaustrada. Não me lembro de ter falado de minha mãe com minha companheira. No entanto, ouço-a ainda, me falar: "Não, ela não voltará jamais". Lembro-me de ter permanecido em silêncio e, também não tive dúvidas sobre a veracidade daquelas palavras. Elas calaram profundamente em mim, a cada ano que passava sempre mais profundamente; e, aproximadamente dez anos mais tarde comecei a perceber que ela não dizia respeito somente a minha pessoa, mas a todo ser humano. Mais tarde a palavra "desencontro", - Vergegnung - que havia cunhado para mim, significou a falha de um encontro entre dois seres. E, quando, vinte anos mais tarde, pude rever minha mãe que havia vindo de longe para visitar a mim, minha mulher e meus filhos, não pude fixar seus olhos, sempre surpreendentemente belos, sem ouvir ressoar em meus ouvidos esta palavra "desencontro" como endereçado a mim. Creio que tudo o que em seguida eu aprendi a conhecer sobre o autêntico encontro, teve a sua origem naquele instante, lá em cima naquele balcão."[11] Qualquer comentário sobre testemunho tão vigoroso e denso em sua simplicidade viria ofuscar o brilho de sua clareza. No entanto, pode-se entender, à luz deste testemunho, que o longo caminho trilhado por Buber em direção ao autêntico encontro reflete uma marcha sem esperança à procura da mãe.

Pode-se depreender nos dois pensadores a valorização da experiência vivida como esteio do pensamento e da teoria. Ambos tiveram sensibilidade diante da crise axiológica do início do século, agudizada pela Primeira Grande Guerra; ambos preconizaram a necessidade de se romper com o marasmo espiritual em direção à renovação do humano

---

(11) Buber, M. – Autobiographical Fragments. Publicado em *The Philosophy of Martin Buber*. págs. 3-4

resgatando sua liberdade, sua criatividade, sua espontaneidade e a autêntica *convivência*. Moreno com seu projeto terapêutico através do psicodrama. "O psicodrama, afirma ele, apresentou-se em nosso tempo como uma resposta à crise axiológica."[12] E nesse projeto terapêutico o "encontro" é o eixo central que sustenta a teoria. Buber com seu projeto de construção de uma "nova comunidade", na qual todos se relacionam dialogicamente, também coloca o encontro dialógico, a relação, como fundamento último.

Quem "descobriu" o encontro? Não creio importante a questão de se saber a quem creditar essa descoberta. Moreno parece-me parcimonioso quando trata da origem do conceito por ele enaltecido em "Convite para um encontro". A expressão "zwischen-menschliche Beziehung" (relações inter-humanas) por ele usada em *"A divindade como autor "* em 1918 (nota pág. 307 de *Psicodrama*) e por ele criticada como "noção anêmica" se comparada com "o conceito vivencial de encontro", foi usada por Buber em 1905 no "prefácio" à coleção de monografias (*"Die Gesellschaft"*). Para Buber o "acontecimento" inter-humano não era tão anêmico assim uma vez que, para ele, "o inter-humano só pode ser concebido e analisado como síntese do agir e do suportar a ação de dois ou mais homens"... "dois ou mais homens vivem mutuamente, isto é, defrontam-se em relação recíproca, em ação recíproca"[13]. Buber credita a Frefrich H. Jacobi e a Feuerbach a revelação do EU e do TU, na qual buscou inspiração para as suas próprias reflexões sobre o "princípio dialógico".[14]Desde minha juventude fui abordado pela questão da possibilidade e realidade de uma relação dialógica entre o homem e Deus, portanto de uma parceria livre do homem numa coversação entre o céu e a terra. A linguagem dessa conversação, no falar e no responder, é o próprio acontecimento, o acontecimento de cima para baixo e de baixo para cima. Em particular, desde que a tradição hassídica cresceu para mim até tornar-se o sustentáculo de meu próprio pensamento, isto é, desde apro-

---

(12)Moreno, J.L. – *Psicodrama*. pág. 59.

(13)Buber, M. – *A comunidade*. trad. de Newton Aquiles von Zuben. Ed. Perspectiva, São Paulo, 1987, pág. 41.

(14)Cfr. Buber, M. – Posfácio à "História do princípio dialógico" em *Do diálogo e do dialógico,* pág. 160.

ximadamente 1905, esta questão passou a ser muito íntima para mim. Na forma da linguagem dos escritos sobre o princípio dialógico surgidos muitos anos depois, ele se encontra de certo, pela primeira vez no outono de 1907, na introdução ao meu livro *Die Legende des Baalschem*[15]. Nessa ocasião as preocupações de Buber centravam-se sobre o fenômeno religioso. Em 1919 no prefácio de seu livro *Der grosse Maggid und seine Nachfolge* Buber afirma: "o ensinamento judaico está caracterizado como totalmente baseado na relação bi-direcional do Eu-humano ao Tu-divino, na reciprocidade, no encontro" (idem). Em 1916, esboçava o plano de um trabalho de filosofia da religião, "Prolegomenos para uma filosofia da Religião"[16]. Este trabalho seria a versão conhecida de *EU e TU* publicada em 1923 - planejado para ser o primeiro capítulo de uma obra em cinco volumes sobre religião. Após 1916 "seguiram-se, afirma Buber, dois anos nos quais quase não pude trabalhar a não ser em assuntos hassídicos, mas também - com exceção do *Discours de la Méthode* que mais uma vez me propus estudar nada li de *Philosophica*"[17].

Não é o momento aqui de apresentar a concepção buberiana de encontro ou de diálogo. Noto, porém, o interesse em retomar a distinção apresentada por Buber entre "encontro" (Begegnung) e "relação" (Beziehung). Em trabalho publicado em "The philosophy of Martin Buber", com o título "Eu e Tu", o filósofo Gabriel Marcel pergunta se o termo alemão *Beziehung* corresponde àquilo que Buber pretendia significar, vale dizer, uma realidade para cuja natureza era essencial a *descontinuidade*[18]. Buber responde: "A questão está colocada corretamente, e é certamente compreensível que o termo "*Begegnung*" possa ser tido como mais apropriado. Porém, Begegnung significa apenas algo *atual.* Aquele que permanece com a pessoa com quem acaba de se *encontrar,* uma vez passado o "acontecimento", não se "encontra" mais com ela. O conceito de relação, ao contrário, abre a possibilidade só a possibilidade da latência"[19]. Para Buber o encontro dialógico é fugaz, transformando-se sem-

---

(15) Idem pág, 163.

(16) Cfr. Cartas de 1919 e 1920, de Martin Buber.

(17) Buber, M. – *Do diálogo e do dialógico.* pág. 164.

(18) SchillP, P. e Friedman, M. – editores – *The Philosophy of Martin Buber.* pág. 44.

(19) Idem. pág. 705.

pre em EU-ISSO. Porém, o Tu permanece latente, propiciando assim uma nova relação EU-TU. Pode-se entender que o "encontro" entre duas pessoas torna-se atual graças à relação, ao TU, ou melhor ao EU–TU.

Um mundo e dois projetos: tal é a herança que nos legam essas duas figuras eminentes da história das idéias de nossa contemporaneidade.

CAPÍTULO IX

MORENO E BERGSON

José Augusto do Nascimento Gonçalves Neto

Um cinqüentenário e um centenário coincidem. Mas, se coincidem a nível de um aspecto puramente contigente, que é o de uma interseção singela no tempo, afastam-se sobretudo por efeito de fatos radicalmente antagônicos: a vida e a morte. Se, por uma parte, os fatos são esses e como tais, por isso mesmo, impregnados de profunda densidade e absoluta irreversibilidade, por outra, não seria excessivo deles extrair-se um sentido que se bem mais rarefeito, não se oferece, todavia, menos decisivo e vital. O cinqüentenário é o da morte de Freud e o centenário é o do nascimento de Moreno. No tratar-se de ambos, contudo, nascimento e morte não são apenas uma questão de ciclo biológico, mas são também e notadamente para os vivos uma questão de idéias e, mais do que idéias, de duas praxis que, à evidência, muito se antagonizam. O propósito, porém, aqui, não é falar de Moreno e Freud, mas falar de Moreno e Bergson. No fazê-lo, contudo, as diferenças que permeiam Moreno e Freud não deixam de permanecer ainda assim extraordinariamente significativas, já que Bergson, como filósofo, é sobretudo um filósofo da vida.

Não que se reserve a Freud a sinistra missão de fazer proselitismo da morte mas sem dúvida, que, principalmente Bergson, não se absteria de escandir nos pensamentos do criador da psicanálise conteúdos insuspeitos a operar, pelos menos, como verdadeiros mandatários dela. A filiação de Freud ao positivismo oitocentista e as suas raízes associassionistas, os traços mnêmicos a hospedar-se no tecido nervoso, como incisões se não estáticas, todavia, à maneira de puras exterioridades, produto de um reducionismo indigente, são o testemunho enfático desse mandato funesto. Nele, a matéria insurge-se contra o espírito; a segmentação punctal do extenso hostiliza a unidade espessa, elástica e sobretudo criadora da duração. Em particular no que respeita ao trato da memória, a memória de Freud é uma memória de morte, porque é uma memória incapaz de esquecer. Se o plano da memória espiritual, segundo Bergson, é aquele em que se desenrola a duração mais densa, é também o plano em que ela está apta a segregar os venenos mais mortíferos no fixar os prejulgados que associa à percepção."... é que os simbolismos variados aos quais o Ensaio imputa tão eloqüentemente o endurecimento senil de nossa vida resultam eles próprios desta propriedade que tem toda consciência viva de durar e de perpetuar seu passado através de seu presente; os formulários e esquematismos do intelecto procedem eles mesmos desta duração, que assassinam. Aí está a verdadeira *consciência infeliz* da qual nos fala, a propósito de Hegel livro de Jean Wahl. A infelicidade da consciência, não é o desdobramento. Está antes nesta maldição tão real e tão trágica que quer que a vida leve em si um germe de morte e perece justamente por onde ela afirma sua vitalidade"[1]. Assim, a vida conspira contra ela própria na justa medida em que se afirma e a memória, produto da duração, reage contra a duração. Para fazer ceder a cidadela da memória enquistada na sua esclerose, só o esquecimento poderá lograr um tal prodígio, porque só ele rejuvenescerá o nosso espírito e restaurará a virgindade das percepções. Dessa perspectiva pois, Freud está com a morte na alma. Bergson e Moreno, todavia, não esmorecem, querem da alma um repositório só de vida e para viver é fundamental sobretudo saber esquecer. Nesse passo, pois, para refletir acerca de Bergson e Moreno a divisa é, antes de mais nada, saber esquecer.

Na sua excelente obra a propósito de Moreno[2], Garrido, conquanto o faça de maneira muito sintética, o que não se pode deixar de lamentar, tece considerações extremamente judiciosas acerca da influência que Bergson exerceu sobre Moreno. A crer em muitos autores, enfatiza Garrido, Moreno não seria nada mais do que continuador de Bergson e disso uma evidência insofismável radica na sua preocupação incansável "de surpreender as coisas no momento privilegiado no nascer, do seu começar, do engedrar-se, antes que o pensamento, a palavra ou a cultura as fossilizem".

---

(1) Jankélévitch, V., Henri Bergson, Presses Universitaires de France, Paris, 1975, pág. 125.

(2) Martín, Eugenio Garrido, J.L. Moreno: Psicologia do encontro, Livraria Duas Cidades, SP, 1984, págs. 16 a 20.

Em Bergson, essa dicotomia, com efeito, é, de certo, a temática central de sua reflexão. À exaustão ele examina, de um lado, a duração, isto é, morenianamente, este surpreender as coisas no seu "status nascendi" e, de outro, o contrafluxo orientado no sentido de desarticulá-la. De fato, o pensamento, ao ensejo de um modelo "stricto sensu" espacial, é o virus letal a minar o tecido coeso do devir temporal. Trata-se do primado falacioso da extensão sobre a duração. "Pode conceber-se... a sucessão sem a distinção, e como uma penetração mútua, uma solidariedade, uma organização íntima de elementos, dos quais cada um, representativo do todo, não se distingüe e não se isola senão para um pensamento capaz de abstrair. Tal é sem nenhuma dúvida a representação que se faria da duração um ser ao mesmo tempo idêntico e mutável, que não tivesse nenhuma idéia de espaço. Mas familiarizados com esta última idéia, obsecados mesmo por ela, nós a introduzimos ao nosso sabor em nossa representação da sucessão pura; nós justapomos nossos estados de consciência de maneira a percebê-los simultaneamente, não mais um no outro, mas um ao lado do outro; em breve, nós projetamos o tempo no espaço, nós exprimimos a duração em extensão, e a sucessão toma para nós a forma de uma linha contínua ou de uma cadeia, cujas partes se tocam sem penetrar-se"[3]. Essa compartimentalização, antes do que um mal sempre intrínseco e necessário ao pensamento, é o produto, como insiste inúmeras vezes Bergson, do pensamento colocado a serviço da utilidade. Mas, a palavra sobretudo, no que se liga também ao útil, tem muito a vocação de, do mesmo modo, precipitar as coisas em conjuntos solidificados[4]. A função precípua da palavra é a de isolar e nomear as coisas, procurando imprimir-lhes estabilidade e imputar-lhes atributos comuns. Ora, no curso dessa missão impiedosa, ela subjuga as impressões mais sutis e transitivas da consciência individual. Pois bem, levado do mesmo modo por essa convicção, Moreno se excede em mostrar o efeito nocivo dos hábitos estabelecidos e mesmo das palavras. "Nada o incomoda tanto como ver o homem, em busca da segurança, aferrar-se aos produtos culturais, esquecendo a sua originalidade e todas as suas possibilidades pessoais"[5].

Por um ato de intuição é que Bergson pretende recuperar então a unidade ameaçada. Se bem perceber signifique condensar, signifique

---

(3) Bergson, Henri, Essai sur les Donnés Imediates de la Consciense, Presses Universitaires de France, Paris, 1984, pág. 68.

(4) Bergson, ob. cit., pág. 87

(5) Garrido, ob. cit., pág. 17

ainda imobilizar, na medida em que as coisas ultrapassam a minha percepção e, assim, a minha duração se contrai num momento único e se pulveriza a seguir num "número incalculável de momentos", certo que o universo material, uma vez a consciência seja por hipótese suprimida, recupera a sua primitiva pulsação: "a matéria se resolve assim em agitações sem nome, todas ligadas entre si, e que correm em todos os sentidos"[6] ... Ora, se eu consentir em ligar uns aos outros os objetos descontínuos de minha percepção, se eu os fundir na agitação que os anima de dentro, desligando-me do espaço que os contém, eu obtenho da matéria uma visão mais pura, eu simpatizo francamente com o ritmo que a informa. Eis aí a intuição. Muito embora Moreno não se ponha a escandir com a mesma riqueza com que o faz Bergson todos os desdobramentos presentes no ato de intuir, no ato de fundir numa liga inviolável os elementos segmentados da percepção, não há dúvida que a contrapartida das conservas só pode ser o produto dessa original simbiose.

Mas, segundo Garrido, Moreno é parcimonioso no reconhecer sobre ele o impacto do pensamento vigoroso e apaixonado de Bergson. Tem razão Garrido, todavia, em acreditar que a influência de Bergson sobre Moreno não se confina em "ter sabido (o primeiro) aproximar-se do curso da vida a partir da espontaneidade, numa época em que predominavam as ciências positivas"[7]. Por mais incipiente e despretenciosa que seja esta pesquisa acerca das afinidades entre um e outro, impressionam com efeito, sobremaneira, os pontos extraordinariamente comuns entre a antropologia moreniana e a de Bergson. Se essa influência é minimizada porque Moreno se orgulhou se ter feito "descer do céu à terra os conceitos de espontaneidade e de criatividade"[8] e porque, ao invés de escrever um tratado de metafísica, consolidou-se como o artífice desse prodígio, ao juízo de Moreno falece-lhe, sem dúvida, a justiça que lhe cumpria tributar a Bergson. Falta-lhe o reconhecimento sereno de que se Bergson fez metafísica, nem por isso a metafísica é disciplina menor na ordem das ciências do Homem; nem por isso ela deixa de ser motivo para uma inspiração competente que a completa, não mais é óbvio no plano da pura reflexão, mas sobretudo no plano efetivo da ação. Se Moreno cedeu ao preconceito de subestimar nesse ponto Bergson é porque, de certo,

---

(6) Bergson, Henri, *Matiére et Mémoire*, Presses Universitaires de France, Paris, 1984, pág. 242

(7) Garrido, ob. cit., pág. 19

(8) Moreno, J. L., *Fundamentos de la sociometría*, Paidós, Buenos Aires, 1972, 18, citado por Garrido, ob. cit., pág. 19

não se desprendeu de uma concepção convencional e escolástica da metafísica. Realmente, em O Teatro da Espontaneidade, lá está uma indisputável suspeição de Moreno acerca da metafísica, no contrapô-la ao que convém chamar metapraxis: "metafísica é a prescrição para a experiência. É um procedimento judicial no qual a ciência faz as vezes dos advogados – metafísica, o lugar do juiz"[9]. Ora, se a virtude maior da metapraxis é a de não ser uma filosofia dogmática nem crítica, como diz Moreno, é porque ele está convencido de que a metafísica ou é só dogmática ou quando muito crítica. Bergson, contudo, não pretende criar nem uma metafísica dogmática, nem muito menos uma metafísica apenas crítica. Dogmática, jamais, com efeito. Pois imputar-lhe o ranço do dogmatismo é desconhecer o sentido da duração, o sentido do elan vital e a promessa originalmente criadora que encerram. Mas, se a função crítica é, de certo, menos humilhante, Bergson, todavia, não é apenas um crítico. Se combateu acerbamente o idealismo Kantiano, o associacionismo e o materialismo, o fez para dar lugar a um novo pensamento e, que se conceda a Moreno, a uma metafísica, mas sempre uma nova metafísica. Se, para Moreno, a Viena de 1910 "era aquela que se constituía numa arena de demonstrações para as três formas de materialismo que, desde então, se tornaram os indiscutíveis senhores do mundo daquela época, a saber, o materialismo econômico de Marx, o materialismo psicológico de Freud e o materialismo tecnológico do navio a vapor" e requeria, assim, uma resposta a enfatizar "a idéia do self espontaneamente criativo"[10], os motivos de Bergson não eram substancialmente diferentes, até porque a Viena de 1910 era a Europa de fim e início de século. À parte as humilhações peculiares e momentâneas da sua história, Viena, sem dúvida, vivia o destino comum do continente europeu e, tanto para o reducionismo idealista, quanto para o reducionismo materialista, ambos em franca vigência, é que Bergson tinha também uma resposta a dar. Uma resposta tão ou mais inovadora do que a de Moreno e sem a qual Moreno talvez não dispusesse do instrumental de trabalho que tanto o celebrizou.

Profissão de fé das mais apaixonadas é, à evidência, O Teatro da Espontaneidade. Nele já estão lançados os marcos fundamentais das idéias que acompanharão Moreno por toda a sua existência. Se há idéia fixa que o perseguirá à exaustão, essa idéia não será outra senão a de ver em Deus o grande inspirador, jamais o grande inspirador encerrado na sobe-

---

(9) Moreno, J. L., O Teatro da Espontaneidade, Summus Editorial, SP, 1984, pág. 49

(10) Moreno, ob. cit., pág. 17

rana distância da sua infinitude e autarquia, mas o grande inspirador que também delega e de si confere à criatura uma fração de divindade, fração de divindade que a habilitará concorrer com ele na elevação da obra. Contra a visão mesquinha da humanidade nivelada pelos atributos indigentes da matéria, temperada e estruturada na exterioridade desoladora da sua inércia, Moreno propunha-se opor-lhe um teatro de ascese, um teatro novo portanto e, sem dúvida, muito distanciado daquele que, sendo o teatro oficial, não tinha outra vocação senão reproduzir "sub specie aeternitatis" uma mimetização do que, nas mãos do dramaturgo, já esgotara o ato da criação. Trata-se, pois, de um teatro da criação "in fieri" e que preconiza como primado "o self do autor e sua criatividade espontânea". Está Moreno, portanto, convencido de que só a partir dessa proposta é que o teatro operará como elemento desencadeador de atores da mais alta estirpe a nada dever aos santos e profetas. Messianismo bergsoniano, sem dúvida.

Mas, se os ingredientes desse empenho, por uma parte, amadureciam rapidamente, por outra, a realidade não se oferecia do mesmo modo pródiga. "Uma de minhas primeiras descobertas foi que a espontaneidade pode ficar rançosa se não se prestar atenção ao seu desenvolvimento, que a pessoa pode deteriorar pelo próprio fato de ser espontânea"[11]. Todavia, isso não obstante, o mérito indiscutível de Moreno está em não só trabalhar obstinadamente os instrumentos de ataque à renitência dos menos talentosos, por um lado, e do ranço dos mais aptos, por outro, como ainda divisar o peso extraordinário dos aspectos mais inertes da cultura, responsáveis por que esta prontidão se alojasse em níveis tão baixos, pois "é fácil para o homem usar um pedaço de pau, uma arma ou uma bomba atômica, mas é-lhe extremamente difícil adaptar-se ao uso de instrumentos sociais que lhe assegurariam liberdade no seio de sua própria sociedade"[12].

Se a experiência moreniana não dispensa o sabor amargo da frustração, pouco se sabe da existência de um semelhante paralelo a nível das aventuras especulativas de Bergson. Mas, preservado ou não de tropeçar à sua maneira com o mesmo escolho, Bergson não deixa também de escandir maravilhosamente as oscilações em que se bate a humanidade e apesar do impacto poderoso das forças reativas, não deixa ainda de

(11) Moreno, ob. cit., pág. 18

(12) Bergson, Henri, Les Deux Sources de la Morale et de la Religion, Presses Universitaires de France, Paris, 1984, pág. 981

crer ardentemente, tanto quanto Moreno, no prodígio extraordinário de Homens elevados à expressão mais pura da sua espontaneidade, aspectos com relação aos quais não existe testemunho mais eloqüente do que, sem dúvida, Les Deux Sources de la Morale e de la Religion.

Nessa obra de extraordinário talento e erudição, Bergson principia por perguntar: "Por que obedecemos"? Ora, crê-se habitualmente que obedecemos porque adquirimos o hábito de ouvir os nossos parentes e os nossos mestres. Mas, definitivamente, obedecemos porque, por trás dos nossos parentes e dos nossos mestres, está a sociedade; está, a ver de Bergson, algo como "um organismo cujas células, unidas por indivisíveis liames, se subordinam umas às outras numa hierarquia sábia e se dobram naturalmente, para o maior bem do todo, a uma disciplina que poderá exigir o sacrifício da parte"[13]. É claro, porém, que a aproximação não passa de uma singela comparação e Bergson está consciente de que se, por um lado, o organismo se sujeita a leis necessárias, a sociedade, por outro, se constitui de vontades livres. Se essas vontades, todavia, são organizadas, é fora de dúvida que elas imitam o organismo. Pois, é, com efeito, graças a um sistema de hábitos mais ou menos poderosamente consolidados, ora de mandar, ora de obedecer, que as necessidades da comunidade são gratificadas e satisfeitas. Mas, se a questão é desobedecer, o que podemos até fazer, a ordem contudo logo se restabelecerá, porquanto a obrigação é uma força superior, um diferencial não de grau, mas, sobretudo, de natureza. Por isso, o coletivo vence sobre o singular e a razão da vitória radica em que a sociedade é imanente a cada um dos seus membros. É por efeito da imanência do social ao individual que a regularidade a derivar do primeiro assimila-se àquela da natureza. Pois, "se a lei física tende a revestir para a nossa imaginação a forma de um comportamento quando ela atinge uma certa generalidade, reciprocamente um imperativo que se dirija a todo o mundo se apresenta um pouco para nós como uma lei da natureza"[14]. Assim, se algum de nós, porventura, inadimplisse a obrigação contraída frente a outro homem, a desobediência far-se-ia também sentir como uma desobediência a nós mesmos. Inclusive Robinson na sua ilha não deixa de estar em contato com

---

(13) Bergson, ob. cit., pág. 984

(14) Bergson, ob. cit., pág. 991

os outros homens, seja pelos instrumentos que opera, seja ainda por uma necessidade moral indeclinável de não esmorecer rapidamente. Prova também disso é a angústia moral a despontar por força das pertubações das relações entre o eu social e o eu individual. Se o conflito nasce, por efeito de um ato criminoso, é o ato criminoso mesmo que quem o cometer quer efetivamente anular. Pois, é, principalmente, a ruptura violenta da ordem instituída, a circunstância que revela, por excelência, a força da presença do social no individual já que, em tempos normais, nós antes mais nos conformamos às obrigações do que pensamos a seu respeito. É que os hábitos, uma vez consolidados, muito se prestam a que a vida caminhe por si mesma e nós nos sintamos afinal reconciliados quando então implementamos nossas obrigações, seja perante a família, seja perante a sociedade. Trata-se, portanto, nesse passo, de ter-se aqui uma perfeita inserção na sociedade, em que a nossa conduta caminha então ao ensejo do mister de cumprir automaticamente os nossos deveres, explicitando assim o quanto "toda obrigação é imanente a cada uma de suas partes"[15]. Se, entrementes, é sempre mais fácil manter-se nos marcos da sociedade, é verdade, por outra parte, que a indisciplina natural da criança requer indispensavelmente uma boa educação e o requer sobretudo para deixar-se que ela siga o seu destino à medida que amadurece, do mesmo modo com que o cavaleiro não tem senão que abandonar-se à caminhada da montaria, exceto o esforço de colocar-se em sela.

Que não se enganem os que pensam que a variedade da conduta humana contorna o imperativo poderoso do dever. Quando se trata do dever, há, com efeito, um espectro inumerável de atitudes, há vacilações intestinas entre alternativas possíveis, mas a grande maioria prefere, sem dúvida, as soluções sempre conhecidas e já padronizadas. Mesmo se o desejo e a paixão ameaçam impor-se, uma força incoercível se afirma e essa força mais não revela de que "o todo da obrigação". É, pois, assim que triunfa a divisa segundo a qual" é preciso porque é preciso"[16]. Refletir acerca das razões de uma conduta não terá então outro sentido senão agregar-se-lhe apenas uma coerência lógica. A coerência dos motivos, contudo, é uma aquisição tardia da sociedade, pois tanto mais a socieda-

---

(15) Bergson, ob. cit., pág. 993

(16) Bergson, ob. cit., pág. 996

de está próxima, ao natural, tanto mais a sua conduta é acidental e incoerente. Mas, a despeito da incoerência e ainda que vigorem princípios absurdos, tais princípios necessariamente cumprirão a sua missão se a coesão social antes de mais nada for preservada. Eis aí, pois, um repto vigoroso ao Kantismo, bem à maneira de Bergson. Diz ele: "a essência da obrigação é outra coisa que uma exigência da razão"[17]. Com efeito, se "é preciso porque é preciso", isso não se dá ao influxo de um imperativo categórico, ao influxo portanto de uma verdade de razão, mas se dá notadamente por força de uma inteligência que absorver o instinto. Ora, a absorção do instinto pela inteligência é justamente o que, no geral, se designa por hábito. Assim, tanto mais, com efeito, eficaz será o hábito, quanto mais vizinho mantiver-se do instinto.

A isso subjaz o discurso eloqüente da natureza, sem dúvida, no optar por duas linhas divergentes de evolução, na extremidade das quais afloram então dois tipos também diferentes de sociedade. No pólo de uma radicam os himenópteros e no da outra os humanos. Visto que os primeiros são essencialmente instintivos, importa supor se a natureza, diferentemente do que ocorre com alguns insetos, como as formigas e as abelhas, não quis equipar os humanos de um espaço reservado justamente à escolha individual, de modo que a inteligência cumpra uma função equivalente ao instinto. "Humana ou animal, uma sociedade é uma organização, ela implica uma coordenação de elementos uns aos outros; ela oferece pois, ou simplesmente vivido, ou, então, representado, um conjunto de regras ou leis"[18]. Na sociedade em que vivem os himenópteros cada regra, no que diz com o seu conteúdo, é imposta pela própria natureza; ao passo que, nas outras, nas sociedades humanas, à margem os conteúdos, a necessidade recai sobre a regra. Aqui, portanto, a natureza não legisla acerca do que se deve fazer, mas legisla de modo que se faça de alguma maneira, desde que se preserve a coesão social.

Isso significa que a obrigação inerente à sociedade humana muito lembra o dom da linguagem. Se, por um lado, com efeito, as formigas, por exemplo, trocam sinais, elas o fazem em função estritamente dos instintos, enquanto que uma linguagem é produto apenas dos usos. Assim,

---

(17) Bergson, ob. cit., pág. 1002
(18) Bergson, ob. cit., pág. 1002

nada, no que lhe respeita – vocabulário ou sintaxe – vem da natureza. Não obstante isso, falar, todavia, é natural. Vai daí que, do mesmo modo que a linguagem, a obrigação, exceto os seus conteúdos específicos, vincula-se às funções mais gerais da vida. Se partimos das obrigações particulares que estão no topo e caminhamos então para a base, a obrigação sempre nos parecerá mais natural. Embora um tal cenário se ofereça típico das sociedades primitivas, também as sociedades mais desenvolvidas não deixam de manter com as primeiras uma fundamental semelhança.

São elas também sociedades fechadas e mais não fazem do que absorver um certo número de indivíduos, com a exclusão de outros. É por isso que, na base da obrigação moral, segundo Bergson, está em primeiro lugar a fidelidade à ordem social. Pois, de que se trata quando respeitamos a propriedade privada, por exemplo, senão reiterar a fidelidade que devotamos a nossos pares? Com efeito, aí está a guerra, como prova eloqüente de que, ao seu ensejo e sob o pálio de uma indiscutível legitimidade, violamos o patrimônio de nossos inimigos e cometemos, ademais, crimes que, em tempo de paz, seriam tomados por hediondos. Conquanto tais sociedades não deixem de articular os seus valores, em princípio, aos devedores com relação à humanidade, elas não vacilam, em circustâncias como essa, de considerá-los provisoriamente suspensos. Aos olhos de Bergson, é isso a evidência insofismável de que uma tal lealdade endógena à sociedade, por maior que ela seja, opera como emergência, na verdade, dos remanescentes do instinto. Assim, entre a sociedade em que vivemos e a humanidade no geral há uma quase intransponível distância, tanto mais extensa quanto a diferença não é de grau, mas sobretudo de natureza. "Quem não vê que a coesão social é devida, em grande parte, à necessidade para uma sociedade de defender-se contra as outras, e que é, em primeiro lugar, contra os outros homens, que se ama os homens com os quais se vive? Tal é o instinto primitivo."[19] Esse antropocentrismo, contudo, está dissimulado pelas contribuições da civilização, a qual só se abre em direção à humanidade, a pretexto de invocar Deus ou a Razão.

Tal é pois o perfil da moral pura, da moral a deitar raízes

---

(19) Bergson, ob. cit., pág. 1003

profundas no instinto e que se tem, de um lado, a vantagem de mostrar em que consiste a obrigação, tem, de outro, a grande desvantagem de estreitá-la. É, à vista notadamente de uma tal inconveniência, que o convite de Bergson será então no sentido de examinar-se em que consiste uma moral completa.

Ora, ilustra-nos o curso da história que, com efeito, existiram homens excepcionais. Homens portadores de uma nova ordem moral: os profetas de Israel, os sábios da Grécia e os santos do cristianismo. Como explicar que tais homens tiveram então seguidores, quando eles nada pediam? Para Bergson a sua simples existência é um apelo. E é esse apelo sobretudo que marca a diferença fundamental da moral completa relativamente à obrigação natural tangida pelo instinto. "A natureza desse apelo, só o conheceram inteiramente os que se acharam em presença de uma grande personalidade moral."[20] Mas, não há dúvida de que muitos de nós, à vista da insuficiência de nossos hábitos, já sentiu enorme necessidade de buscar num parente ou mesmo num desconhecido uma palavra de sabedoria e também um sinal de aprovação. Se há nisso uma relação de mestre a discípulo, há também um desejo extraordinário de adotar-se um modelo. Assim, enquanto a moral pura repousa em preceitos gerais e impessoais, a nova moral, embora também orientada por normas de caráter geral, requer sobretudo uma adesão inteligente, mas requer ainda e mais do que isso o concurso da individualidade de um homem, capaz de fundir, numa unidade, a multiplicidade e a generalidade das máximas.

Mas, "donde vem sua força?", pergunta Bergson. Donde vem enfim esse carisma típico de um indivíduo excepcional? Para responder Bergson mostra que não é ampliando a cidade que se chega à humanidade, porque entre a moral pura e a moral completa a diferença não é de grau, mas, principalmente, de natureza. Se, contudo, não é ampliando a cidade que se chega à humanidade, a ela também não se chega pelo simples apelo do amor que se lhe deveria devotar. "Os educadores da juventude sabem muito bem que se não triunfa sobre o egoísmo recomendando o 'altruísmo'."[21] Todavia, o que pretende uma psicologia intelectualizada é que os estados de alma se expliquem pelas virtudes do objeto a

---

(20) Bergson, ob. cit., pág. 1005

(21) Bergson, ob. cit., pág. 1001

que se aplicam: amor da família, amor da pátria, amor da humanidade Mas, isso basta? É verdadeiramente descrever, é verdadeiramente explicar? Bergson está profundamente imbuído de que não o é, porque só uma nova emoção pode explicar genuinamente o portento de uma moral completa. Só ela pode fazê-lo, porquanto só ela é capaz de estimular a inteligência e de entregar à vontade o móvel em condições e levá-la a perseverar. "Há emoções que são geradoras de pensamento; e a invenção, embora de ordem intelectual, pode ter a sensibilidade por substância. É que é preciso entender-se acerca do significado da palavra 'emoção', 'sentimento', 'sensibilidade'. Uma emoção é uma agitação afetiva da alma, mas uma coisa é uma agitação da superfície, outra coisa a elevação das profundidades."[22] A diferença que as tipifica é que, na primeira, a emoção segue a uma idéia ou a uma imagem representada; na segunda, o estado de sensibilidade desencadeia um estado intelectual que se basta a si mesmo, um estado intelectual prenhe de representações. Ora, não é de surpreender o quanto essas palavras suscitam e lembram o aquecimento preconizado por Moreno. "Criação, diz Bergson, significa, antes de tudo emoção". E acrescenta: "Dizemos que o problema que inspirou o interesse é uma representação dobrada de uma emoção, e que a emoção, sendo ao mesmo tempo a curiosidade, o desejo e a alegria antecipada de resolver um problema determinado, é única com a representação. É que ela impele a inteligência para adiante, apesar dos obstáculos".[23] Quem quer que se exerça na composição literária, diz Bergson, sabe muito bem a diferença entre a inteligência deixada ao seu sabor e a emoção original que o assalta, nascida esta da coincidência do autor de seu tema. Tem-se aí, pois, uma verdadeira intuição. No primeiro caso, o espírito trabalha frio, combinando entre elas idéias, desde muito tempo forjadas em palavras, que a sociedade lhe libera no estado sólido. Na segunda, parece que os materiais fornecidos entram preliminarmente em fusão e que eles se solidificam em seguida de novo em idéias desta vez informadas pelo espírito mesmo: se estas idéias acham palavras preexistentes para as exprimir, isso produz para cada uma o efeito de uma excelente surpresa insuspeitável; e, a bem dizer, muitas vezes foi preciso ajudar o acaso, e forçar o sentido da parte, a função estereotipada dos papéis acerca do que Moreno

(22) Bergson, ob. cit., pág. 1013
(23) Bergson, ob. cit., pág. 1018

estava, sem dúvida, muito consciente.

Para os fins do que Bergson tinha em vista, porém, não se trata de preconizar uma moral da emoção, mas de mostrar como uma emoção é capaz de cristalizar-se em representações e, mais do que isso, numa doutrina. De mostrar ainda como uma moral não se faz a custa de uma atividade apenas especulativa, sobre não dispensar a atmosfera necessária da emoção. A lição, pois, que nos deixaram os fundadores e reformadores das religiões, os místicos e os santos, é que traduziram em representações a emoção particular de uma alma que soube decididamente abrir-se em direção às suas profundezas mais abissais, rompendo assim as cadeias que a mantinham amarrada à natureza e, do mesmo modo, à cidade. "Eles dizem, primeiramente, que o que eles provam é um sentimento de liberação, bem-estar, prazer, riqueza, tudo o que retém o comum dos homens e os deixa indiferentes."[24]

Recolocada em foco a moral pura, não há dúvida, portanto, que ela é o reduto de uma aspiração ou elan, elan este que conduziu a espécie humana à vida social, isto é, a uma vida de hábitos, como contrapartida inequívoca dos instintos. Eis aí a primeira metade da moral, segundo Bergson. A outra metade está, todavia, fora do plano da natureza. Com efeito, se a natureza forjou a inteligência para operar no perímetro de um espaço limitado, ela não podia prever o caminho surpreendente que a humanidade afinal tomou e os seus maiores líderes espirituais mais não fizeram do que assumir soberanamente o lugar do elan vital e com isso muitos deles romperam os estreitos limites da cidade, fazendo pelos homens o que, por eles, não fez a natureza. Brilhantemente diz Bergson: "Poderia dizer-se, mudando de sentido as expressões espinozistas, que é para voltar à Natureza naturalmente que nós nos destacamos da natureza naturada".

A beleza incontestável da obra de Bergson é sempre um irrecusável convite à fruição de um profundo prazer estético, mas muito mais do que prazer estético e, pensando-se precipuamente em Moreno, ela é, sem dúvida, nascedouro de ensinamentos e sugestões extraordinariamente ricos, principalmente, como acaba de ver-se, pela profunda afinidade que associa ambos os pensadores. Se bem Bergson seja tão só um

---

(24) Bergson, ob. cit., pág. 1024

filósofo e todo o mérito de especular e desenvolver os métodos acerca da ação dramática e da ação terapêutica caiba exclusivamente a Moreno, naquilo em que foi pioneiro, certo, contudo, que não só a fertilidade do pensamento de Bergson, mas também o seu rigor, a despeito de um espírito tangido por um profundo lirismo, não podem deixar de servir como paradigma a inspirar o trabalho, especialmente teórico, dos psicodramatistas pós-Moreno. Notadamente porquanto Moreno não logrou o mesmo notável equilíbrio que Bergson, na combinação de dois ingredientes básicos – a razão e a emoção – a iniciativa nesse sentido torna-se particularmente urgente. Mas, afora isso sugestões teóricas a merecer um maior aprofundamento em benefício do psicodrama moreniano estão presentes, sem dúvida, na obra de Bergson. Se não é heresia imaginar que o psicodrama moreniano não dispensa inclusive uma metapsicologia, tudo leva a crer que as bases dessa metapsicologia têm no pensamento bergsoniano uma fonte de perene inspiração.

A OBRA DE MORENO

CAPÍTULO X

AÇÃO DRAMÁTICA : SEU SENTIDO ÉTICO E SUAS ROUPAGENS IDEOLÓGICAS[1]

Gecila Sampaio Santos

Tenho notado que a metodologia psicodramática vem, gradativamente, perdendo prestígio nos meios terapêuticos e acadêmicos. Há um certo descrédito em relação à metodologia. Penso que isto tem origem no próprio cenário psicodramático quando, de um modo geral, fala-se pouco sobre os pressupostos, examina-se superficialmente a prática e a discussão conceitual é escassa. Freqüentemente, o vazio da reflexão é preenchido por um fazer compulsivo. Há uma hipertrofia do sentir, do conhecimento imediato em detrimento do conhecimento mediado. É raro ver-se uma articulação saudável entre estes dois níveis do conhecimento. Ao mesmo tempo, vemos nesse cenário algumas pesquisas com produção teórica e prática tão consistentes e criativas que nos animam e nos fazem crer que a metodologia não deve ser descartada como inviável.

Entretanto, o panorama geral dominante acaba por reduzir o psicodrama a uma *técnica de representação improvisada*, e assim construindo seu esvaziamento e mediocrização. O repertório técnico do psicodrama é riquíssimo, mas a técnica, por si mesma, só dá conta do prático-utilitário.

Tenho como hipótese que o deslocamento da técnica de uma determinada concepção de mundo que lhe é própria, leva uma metodologia a perder sua ética fundante e sua crítica, tornando-se um instrumento ideologizado à serviço de qualquer senhor.

---

(1) Este texto foi apresentado no "X Congresso Internacional de Psicoterapia de Grupo", realizado em Amsterdã, setembro de 1989.

Neste trabalho trago para discussão o sentido de *AÇÃO DRA-MÁTICA* por considerá-lo essencial para sustentação do método e por algumas vezes, vê-lo minimizado.

Parto de dois pressupostos: 1º) que a compreensão superficial do conceito de ação dramática leva a confundir ou a substituir ação, como categoria que reverencia o entendimento, por um uso frenético e grosseiro da encenação como recurso técnico; 2º) que a articulação epistemologicamente incorreta das polaridades fundantes do método, indivíduo-sociedade e passado e presente, impedem que o desenvolvimento técnico se faça eticamente vinculado à concepção de mundo que lhe deu sentido.

Numa tentativa de melhor compreender o conceito de ação dramática, vamos retomar o nascedouro do psicodrama. Não se pode continuar simplistamente, dizendo que o psicodrama nasce com o caso Bárbara ou com o teatro espontâneo. É à luz de uma concepção trágica de mundo que vemos o nascedouro do psicodrama.

Ao criar o nome do método – psicodrama – podemos dizer que Moreno adjetiva a psychê, já indica como a interpreta e explicita seu objeto de pesquisa : o drama da psychê que protagoniza. Desta perspectiva, DRAMA, é a nossa palavra chave.

Etmologicamente, sabemos que drama em grego quer dizer, ao mesmo tempo, ação em dois sentidos : ação já realizada e se fazendo. Passado e presente debatendo-se numa só palavra. Seu sentido ambivalente é, portanto, constitutivo. Para bem respeitarmos essa palavra, é importante lembrarmos que ela nasce num mundo pré-socrático regido por uma lógica filosófica que, entre dois termos contraditórios, não estabelece um corte definitivo entre o falso e o verdadeiro dando lugar à noção de ambigüidade. O conceito de DRAMA, portanto, explicita uma ação específica que nasce no universo trágico. Não nos referimos aqui à tragédia ou drama satírico "strictu senso", como formas de expressão literária de uma determinada época, mas à concepção trágica que as gerou. Concepção esta que é vivida no conflito constante entre o destino divino e o desejo humano de auto-determinação. São dois aspectos distintos e, ao mesmo tempo, inseparáveis desta realidade ambígua.

Temos, então, que a ação dramática carrega necessariamente ambigüidade e contradição, e nesse movimento desvela e transforma.

Assim entendida, não pode ser confundida com uma ação linear e mantenedora oriunda de outra concepção de mundo. O agir não popularizado não é o agir que nos fala o drama.

A medida em que não se discrimina esse agir próprio do drama de qualquer outro agir, corre-se o risco de cair exatamente no universo anti-trágico onde o bem e o mal, o certo e o errado, o falso e o verdadeiro, ou mesmo, a saúde e a doença são polaridades cindidas cujos termos habitam lugares diferentes e cristalizados. Nessa clivagem começam a aparecer os espaços para os descaminhos da proposta moreniana. É onde se abrem as brechas de passagem da visão trágica para a farsesca.

E crenças vão sendo construídas no nosso cotidiano. Como exemplo desse pensar dicotomizado podemos citar a decodificação da linguagem verbal e da linguagem do corpo. É comum ouvirmos que a linguagem verbal está contaminada, que é uma linguagem colonizada. Poderíamos então supor que o corpo não se coloniza ? Que temos um movimento corporal descontextuado ? A-histórico ? Grosseiramente tiram o verbal de uma cena, não para ouvirem melhor o discurso do corpo em movimento, mas esperando encontrar aí a verdade do drama. Como cristãos invertidos continuam separando corpo e alma, só que no século XX salvando o corpo como a "fala de deus" e deixando o discurso verbal como a fala falseada do "diabo". Novamente a cisão deus-diabo volta à cena, com roupagens novas mas à serviço da mesma ideologia, a que cinde para absolutilizar. A cena trágica que desvela a tensão dialeticamente complementar entre ethos e daimon, quer dizer, entre a fala do homem e a fala dos deuses, passa a ser nessa visão cindida um arremedo de ação dramática. Como uma cena de bang-bang as contradições são tratadas como sendo um pólo falso e o outro verdadeiro.

Quando simplistamente transformado em "teatrinho", o psicodrama perde a sua força de transformação constante e passa linearmente a ser instrumento de manutenção, por vezes alegre e divertido, por vezes finalizando com chorosos e comoventes abraços de confraternização, mas ambos profundamente comprometidos com a cristalização.

Quando Moreno diz que a representação apanha o pré-verbal, não quer dizer que lá está a verdade, mas com certeza nos aponta para a existência de discursos diversos e conflitantes. Talvez nos diga somente que vem daí ora a fala dos deuses, ora daí a fala dos homens...

Quando falamos, pois, da dimensão dramática do psicodrama não estamos nos referindo reduzidamente à encenação como recurso técnico, mas a um determinado modo de interpretar a relação sujeito-mundo. A representação ou a encenação como recurso técnico é usada por várias correntes terapêuticas que nada têm em comum com o psicodrama enquanto proposta e projeto ontológico. O ser psicodramático carrega singularmente um eu enredado e descentrado. A cena dramática ilumina a heteronomia do ser.

Freqüentemente, pacientes novos ou alunos em fase inicial de aprendizagem perguntam um pouco confusos quando nada foi convencionalmente encenado : "Mas isso é psicodrama ?" ou "Quando vamos dramatizar ?" Para um leigo ou um iniciante a pergunta faz sentido, pois, vem de um conhecimento a nível do senso comum ou tem como referência outras áreas do conhecimento. Dos profissionais da área espera-se uma compreensão mais rigorosa do sentido de palco no universo psicodramático. Moreno nos diálogos finais de seu texto " A Divindade como comediante"[2], nos conta poeticamente sua compreensão de palco. Ele nos diz que no momento em que podemos ver a nós mesmos, surge imediatamente um palco sob nossos pés. Nesse sentido, o palco psicodramático deixa de ser necessariamente um espaço físico previamente determinado e delimitado mas, necessariamente um espaço simbólico. E é nesse palco que se desenha a categoria da ação, não como ativismo ou "over acting" do terapeuta, mas como ação genuinamente dramática. Esse palco surge quando o homem é colocado em situação de agir, quando torna-se consciência trágica pela descoberta da ambigüidade e das contradições, quando abandona, portanto, as certezas absolutas e percebe-se no impasse que antecede uma decisão entre pólos que configuram-se por clara oposição.

Este palco é o solo que, sustentando o desvelamento das múltiplas contradições contidas no drama, ilumina a silhueta de um protagonista que aí emerge como um semi-deus ou semi-homem. Aos poucos, esse homem-deus vai iluminando toda a extensão do palco que o ilumina, pois, ao ir apropriando-se de sua história clareia a história coletiva da qual é porta-voz. Essa imagem de homem-deus como indivíduo-coletivo

---

(2) Moreno. J.L., *A Divindade como Comediante*, in "Psicodrama", p.73, São Paulo, Cultrix, 1975

138

é de algum modo confirmada pelo que nos contam Vernant e Naquet sobre o homem trágico : "Na tragédia cada ação aparece na linha e na lógica de um caráter, de um *ethos,* no próprio momento em que ela se revela como a manifestação de uma potência do além, de um *daimon. Ethos-daimon,* é nessa distância que o homem trágico se constitui. Suprimido um desses dois termos, ele desaparece". E ainda acrescentam : "No ponto culminante da tragédia, onde todos os nós se atam, é o tempo dos deuses que surge na cena e que se manifesta no tempo dos homens".[3]

Essa questão do tempo nos leva ao último ponto que gostaríamos de discutir neste trabalho : a polaridade passado-presente. Mesmo tendo a estatura que tem na sustentação do psicodrama, por vezes, essa polaridade sofre uma articulação mecânica que esvazia qualquer possibilidade dramática. Talvez, por Moreno ter sido a seu tempo e a seu modo um precursor do movimento de "contra-cultura" empunhando sua bandeira contra as conservas culturais, no psicodrama ainda hoje vemos o passado ser tratado como perigoso vilão que precisamos banir para então discutir um ingênuo e "feliz" presente. A famosa frase de Moreno : "Criar respostas novas para situações novas", quando tomada sem mediações e mecanicamente leva a uma prática inconseqüente que, na verdade, abre espaço para o espontaneismo ou para um pragmatismo ingênuo que desconsidera a historicidade de um processo de produção do novo. Kosik, filósofo tcheco, nos diz com sua peculiar clareza : "A realidade humana *não é apenas produção do novo, mas também reprodução* (crítica e dialética) *do passado.* Na memória humana o passado *se faz presente* e assim supera a transitoriedade, porque o passado mesmo é para o homem uma coisa que ele não deixa para trás como algo desnecessário; é algo que entra no seu presente de modo constitutivo como natureza humana que se cria e se forma... O processo de integração é ao mesmo tempo crítica e avaliação do passado"[4]. Ignorar essa tensão dialética entre passado e presente é fugir do impasse, é esvaziar o sentido dramático, é, justamente, impedir a possibilidade do ato criador. Enfim, é anular o tempo trágico. O tempo trágico abre um horizonte de possibilidade que se apresenta a partir do reconhecimento, no presente, do passado. No

---

(3) Vernant, J.P. e Vidal - Naquet, P., *Mito e Tragédia na Grécia Antiga,* p.23, São Paulo, Duas Cidades, 1977

(4) Kosik, K., *Dialética do Concreto,* Paz e Terra, Rio de Janeiro, 1976 p.135.

desconhecimento do passado, é a repetição que se instala e o horizonte está ausente.

Finalizando, queremos lembrar que dos tempos do teatro espontâneo em Viena até o psicodrama de hoje há um longo trajeto e um salto qualitativo. Não é mais de uma concepção estética perpassada por um projeto ontológico que falamos. Hoje falamos de uma concepção terapêutica que, não abrindo mão do seu projeto ontológico, constrói uma metodologia singular, a qual apoiada numa concepção trágica, reelabora a relação sujeito-mundo, tendo na noção de protagonismo sua viabilização concreta. Desta perspectiva, podemos dizer que: *a ação dramática se faz quando se reconhece o universo como conflitual, contraditório, instável e ambíguo. O drama se faz quando questionando-se a tradição, o passado, problematiza-se o presente. A cena dramática se realiza quando um homem, perdendo sua ilusão egóica de indivíduo desvinculado, protagoniza comprometido e comprometendo sua rede de relações.*

Pergunto-me agora o porquê de minha preocupação com estas questões éticas e epistemológicas e porque, no fundo, uma certa tristeza pelo desprestígio da metodologia. Acho que justamente por reconhecer a fertilidade deste solo é que me irrita constatar a atual falta de efervescência no meio psicodramático. Como uma mercadoria que foi moda, e até sucesso, hoje, ao perder seu status de novidade, caminha passivamente para o desprestígio repetindo os mesmos truques cênicos aprendidos há tanto tempo. Dos bastidores, onde as cenas novas são produzidas, muito pouco se houve. Talvez o lado conservador de cada um de nós, psicodramatistas, não nos permita viver plenamente uma ética que promete movimento incansável e constante e que jamais anuncia a chegada da paz e do descanso.

CAPÍTULO XI

MORENO E SEU PROJETO CIENTÍFICO: UM BALANÇO

Moysés Aguiar

O elenco temático deste livro não ficaria completo se não se incluíssem algumas considerações a respeito de uma das mais importantes facetas do criador do Psicodrama: suas veleidades como cientista.

Com efeito, o nosso homenageado passou a vida toda exercitando sua curiosidade, buscando produzir conhecimentos, sem prejuízo de suas incursões transformadoras, explícitas, dentro da própria realidade pesquisada.

Abriu picadas para novos campos do saber e para novas abordagens, culminando sua produção visionária com a proposição de uma nova ciência, a Socionomia.

Penso que seria interessante tentarmos revisar seus projetos e fazer um balanço do que aconteceu com eles, assinalando o seu estádio de desenvolvimento atual, no marco do centenário do proponente.

Para esse balanço, o ideal seria reconstituir a trajetória seguida pelo próprio Moreno, em suas buscas, o que não é tarefa muito fácil. O que podemos é trabalhar com uma hipótese que, se não reproduz com fidelidade a cronologia dos acontecimentos, pode funcionar, "ad hoc", pelo menos como um roteiro de reflexão.

Assim, podemos dividir o caminho em quatro fases. A primeira abrange os intentos iniciais ligados principalmente ao teatro da espontaneidade e aos projetos místico-sociais; a segunda vai desde a formulação do teatro terapêutico até os primeiros experimentos sociométricos, com Moreno já nos Estados Unidos; a terceira seria a fase sociométrica e, a última, o retorno ao teatro terapêutico, agora fertilizado pela utopia socionômica.

PRIMEIRA FASE

O assunto que dominou toda a pesquisa moreniana, durante toda sua vida, foi a espontaneidade.

O fenômeno foi por ele identificado já em suas primeiras improvisações com os petizes das praças públicas de Viena e era facilmente observável.

Só que era preciso circunscrevê-lo adequadamente, descrevê-lo, compreendê-lo e explicá-lo.

Para tanto seria necessário criar alguns instrumentos, que permitissem (além da visada direta, nos eventos do teatro espontâneo) uma observação mais sistematizada: os fatos precisariam ser intensivamente provocados, para que se pudessem colher dados mais numerosos e mais abrangentes. Com essa preocupação é que foram imaginados os testes de espontaneidade, uma tentativa de cercar o fenômeno por diversos ângulos.

Com efeito, há pessoas mais, outras menos, espontâneas; há situações que favorecem, mais do que outras, a espontaneidade; há diversidade relacionada inclusive com os papéis que estejam sendo jogados. E tudo isso precisa ser apreciado, cuidadosa e meticulosamente.

Em meio a um sem número de situações experimentais, foram a pouco e pouco sendo levantadas inúmeras hipóteses sobre a natureza do fenômeno.

Para formulá-las, foi o autor lançando mão ora de um, ora de outro, marco de referência teórica, tratando sempre de comunicar o "locus" e o "status nascendi" de suas investidas.

Revelava, ao mesmo tempo, uma abertura para as várias possibilidades de avanço na compreensão e um furor crítico que lhe impedia, liminarmente, qualquer afiliação metodológica ou aprofundamento numa única direção.

Em nome dessa atitude básica, correu todos os riscos de ser, então e futuramente, como de fato o foi e tem sido, questionado não só quanto à pertinência das restrições que apontava ao pensamento de terceiros, quanto à consistência metodológica de suas pesquisas, assim como, até mesmo, sobre se realmente sabia do que estava falando.

Na superfície, uma grande inquietude, que lhe vedava o pensar disciplinado e a comunicação sensata. Num plano logo abaixo, a urgência de concretizar sua teimosa obstinação em produzir o conhecimento e as transformações, de modo a não passar por esta vida em branca nuvem. No fundo, uma intuição aguda que não pode conter-se nos parâmetros da lucidez, da organização e da disciplina intelectual que se exigem dos grandes inovadores.

Ao mesmo tempo, nesse plano mais profundo, sua ontologia e sua antropologia sugerem uma linha contínua, ao longo de toda sua história pessoal, que provocativamente desafia os entendidos na matéria.

Malgrado todos os esforços, a natureza da espontaneidade é uma questão que ficou em aberto, e em aberto continua. Talvez até porque ainda esteja para ser criado um constructo substitutivo, mais satisfatório. Mas algumas amarrações já podem ser feitas.

A espontaneidade se constitui, sem dúvida, numa espécie de alma-gêmea da liberdade. Só pode ser compreendida dentro do mesmo quadro de referência em que se discute a sobredeterminação da vida humana por um destino, que se atribui ora aos deuses, ora à natureza, ora ao sistema sócio-político-econômico. No plano específico da espontaneidade, o que instiga o saber é a pesquisa das contradições que a opõem à conserva cultural. Esta consiste, em síntese, numa formidável massa de condicionantes que incluem desde o acervo de conhecimentos e de tecnologia, acumulados durante milênios, passando pela produção estética, pelos ritos e regulações, até as formas mais sutis de controle ideológico.

O homem que não encontrou sua liberdade, subordinando-se, impotente e inerte, às forças externas que o determinam, é o homem amarrado, travado, repetitivo: não espontâneo. Por outro lado, a perda da dimensão coletiva, tanto quanto a cegueira para sua inserção cósmica, pode acarretar-lhe equivalentes prejuízos, eventualmente observáveis num individualismo exacerbado, quiçá no assim chamado espontaneismo (o que significa: não espontâneo).

As caminhadas nessa trilha de compreensão permitiram identificar uma outra ocorrência: o aquecimento.

Tomado apenas como uma etapa na sessão de psicodrama (como, de fato, é mais conhecido), operacionalmente ligado à emergência do protagonista e da cena dramática, o fenômeno é pobre e irrelevante.

Ao ponto de alguns psicodramatistas brandirem suas contestações quanto à sua validade e à sua necessidade!

Ocorre que não há espontaneidade sem uma inserção profunda e comprometida na realidade onde se pretende atuar – e este é o sentido do aquecimento.

Emprestando palavras, relembremos Naffah:

> ... no momento em que o indivíduo se abre à própria situação e deixa-se penetrar por ela, tentando apreender o seu movimento e posicionar-se frente a ele, forma-se entre seu corpo e a situação uma rede de significações, onde todos os seus sentidos e os vários segmentos do seu corpo passam a articular-se e a rearticular-se numa totalidade expressiva. (In: Naffah Netto, A.: *Psicodrama : Descolonizando o Imaginário*. S.Paulo, Brasiliense, 1979)

É por aí que se pode compreender a sugestão de Moreno, que tanta celeuma tem causado, de que não há ato espontâneo sem que se possa considerá-lo adequado. Ou seja, o ato espontâneo só é possível de dentro, nunca de fora da situação considerada e, por isso, para produzi-lo é indispensável que ocorra, antes, um comprometimento do sujeito em relação à sua realidade imediata (que se aqueça).

E as pesquisas sobre o aquecimento vão permitindo divisar novos horizontes para a compreensão de outros fenômenos mais, entre eles a matriz de identidade.

Inicialmente, Moreno parece entender que a matriz de identidade pode ser tida como um processo do âmbito meramente individual, como uma espécie de sucedâneo das já consagradas teorias sobre o desenvolvimento infantil.

O que ele faz, aí, é uma extrapolação do conhecimento sobre o jogo dialético entre espontaneidade-criatividade, de um lado, e rigidez-conserva-cultural, de outro, aplicando-o ao campo psicológico, sem maiores critérios.

Configura-se assim uma espécie de reducionismo, onde se desconsideram as tensões indivíduo-coletividade, o cenário onde, de fato, se estrutura a chamada identidade.

Nem poderíamos dizer que, nesse caso, o autor esteja correndo o risco de ser mal compreendido. O que ele diz é isso mesmo, numa de suas derrapadas teóricas. Mas as suas próprias pesquisas, como um todo, nos favorecem uma reconstituição mais palatável de seu próprio pensamento.

Senão, vejamos. O aquecimento diz respeito ao restabelecer dos vínculos do indivíduo com o seu meio, sendo que este por esse mesmo movimento resta transformado.

Por esse prisma, a inserção do nascituro no mundo dos homens se dá por um processo semelhante, abrindo-nos um quadro fenomênico que não é nem de natureza psicológica (porque não diz respeito ao indivíduo como tal, apenas), nem tampouco sociológica (porque não diz respeito à coletividade como tal, apenas): estamos na intersecção entre o individual e o coletivo.

E é nela que se situa a linha mestra das pesquisas morenianas e a grande novidade, em termos de saber, que o mestre nos proporcionou.

Retomando esse caminho, a matriz de identidade pode ser entendida como um fenômeno típico de aquecimento, que inclui as contradições próprias da vida. Ou seja: o ato de nascimento pode ser tomado como paradigma da espontaneidade que, no entanto, coloca o indivíduo num conjunto de relações marcadas pela conserva cultural, que vai funcionar como obstáculo à própria espontaneidade inicial. Na medida em que o entrosamento com o mundo se vai aprofundando é que se possibilita o resgate e a utilização da espontaneidade para favorecer esse mesmo entrosamento, num fluxo de contínua transformação.

A mesma curiosidade em relação ao ato espontâneo permitiu a identificação de um outro fenômeno: a tele, ou tele-relação. O que Moreno pôde constatar foi que a produção espontâneo-criativa não comporta uma dimensão apenas individual, como podem sugerir as primeiras observações, centradas nos comportamentos individuais.

O processo de aquecimento mostra como o comprometimento do indivíduo com o meio provoca necessariamente alterações neste. As ações humanas são intercomplementares (como de resto o são as da natureza toda, assim o demonstram as pesquisas ecológicas). Há portanto um momento em que se exige que a espontaneidade seja articuladamente coletiva, uma co-criação.

Surpreendido o fato, procedeu Moreno da mesma forma como o fez em relação à espontaneidade. Lançou-se vorazmente sobre ele para tratar de descrevê-lo, explicá-lo e pesquisar suas interrelações com outros fatos que estavam na mira de sua experimentação.

E, de novo, a voracidade impediu-lhe maiores cuidados, com o que acabou misturando caracterização com explicação, implicações individuais com localização no plano do indivíduo, e daí por diante, numa série de deslises conceituais e metodológicos.

Pertence a essa ordem equivocada a insistência em correlacionar tele com o fenômeno transferencial descrito pela Psicanálise, buscando redefinir a transferência dentro de um novo sistema conceitual, ora como anti-tele, ora como o que impede o fenômeno télico, ora como patologia da tele. Também se situa aí a confusão de considerar um dos componentes do fenômeno, seu aspecto perceptual, como um equivalente do próprio fenômeno.

Em função desses equívocos, pouco se avançou.

Não obstante, as pesquisas sobre tele vieram a favorecer o estudo de um outro tema: os papéis.

O conceito de papel é oriundo do teatro, assim como os de espontaneidade e tele têm a ver com o teatro espontâneo. Nas pesquisas morenianas, mereceu redefinições e aprofundamentos.

De novo são trazidos à consideração os conflitos entre indivíduo e coletividade, entre liberdade e destino. Ou seja: para viver com os demais há que aprender papéis, e estes dizem respeito a um "projeto dramático" que é coletivo, cabendo a cada participante um conjunto de atos destinados a viabilizar o conjunto. Tais atos se complementam com os dos demais, igualmente determinados, os contra-papéis.

A adesão acrítica aos projetos coletivos e o cumprimento ingênuo do anteriormente previsto caracteriza o desempenho conservado de papéis. Re-criar os papéis seria uma outra possibilidade. Esta não se pode entretanto desvincular da intercomplementariedade, sob pena de constituir-se em ato alienado.

Por isso, há que se buscar a tele, ou seja, a re-criação coletiva, o que significa repensar o projeto como um todo. Eis aí a semente da revolução social: uma revisão conjunta, criativa, do projeto de convivência, que se inicia com a denúncia da escravização aos métodos e finalidades pré-convencionados, além do engodo ideológico que preside a adesão insensata.

146

SEGUNDA FASE

É nesse campo, o da recriação coletiva das relações vitais, que reside a força das terapias morenianas, psico e sociodramáticas.

Fazendo-se, sem o saber, um dos precursores da antipsiquiatria, Moreno não apenas rejeitou a forma tradicional de abordagem da doença mental, como canalizou energias para a construção de uma forma alternativa de cura e prevenção.

Começou pelas coisas mais simples, tais como ajudar os interessados a descobrirem suas possibilidades de organização e de construção de seu próprio mundo, fundamentados em sua própria vontade e na sua própria criação. Foi assim com os meninos, com as meretrizes e com os exilados: a busca da saúde confunde-se com a busca de autodeterminação (sponte sua = espontaneidade).

O teatro espontâneo veio na esteira desses experimentos mais rudimentares. E a já conhecida trajetória: daí para o teatro terapêutico, e na seqüência para o sociodrama e para o psicodrama.

A reinserção no todo, de que falávamos anteriormente, se viabiliza através da com-preensão (que supera o meramente cognitivo) do interjogo de papéis, quando se questionam as complementariedades, os desencontros, os projetos divergentes, a validade das convergências, os aspectos conservados e os impasses na recriação.

Com essa proposição, formulada simultaneamente à experimentação que ia sendo levada a efeito, Moreno identificou a possibilidade de construir o processo psicoterápico não como uma análise, no sentido de decomposição do fenômeno em suas partes constituintes para reconhecê-las e às suas íntimas articulações. Ele seria antes uma verdadeira síntese, na medida em que permite a re-significação tanto das partes como do todo – o sentido do aquecimento para o ato espontâneo.

A chamada "rematrização" (refazer a matriz de identidade) seria, nesse enfoque, não uma volta ao passado para corrigir o que ficou mal feito ou incompleto, mas uma reconquista do presente, pela re-inserção, nos seus enquadres próximos e remotos, da parte perdida e alienada.

Nas pesquisas relativas à construção de um método terapêutico fundado no teatro espontâneo, Moreno conseguiu isolar um outro fato, este destinado a constituir-se na espinha dorsal de todos os procedimentos. Trata-se do significado do papel protagônico.

A dor que o protagonista sofre e que o faz objeto da solidariedade coletiva, encarna e expressa os conflitos e contradições da comunidade, num evento mágico: um dos membros do grupo empresta o seu corpo, a sua memória, a sua história pessoal, a sua privacidade, os seus sonhos, para o grupo como um todo (e não para cada um dos membros em particular), recebendo em troca todas as virtualidades do co-inconsciente para desvelar o seu drama único e permitir à coletividade a elucidação da trama comum.

É essa noção que permite a prática da psicoterapia de grupo (outra descoberta moreniana), sem que se tenha nela uma mera aplicação dos princípio da terapia individual. Não se erige pois numa espécie de tratamento com platéia (em que os demais são meros espectadores de um "strip-tease" psíquico). Nem se toma o grupo como o equivalente de uma pessoa, reproduzindo pura e simplesmente o dinamismo próprio de cada um de seus componentes. A perspectiva que Moreno apresenta é, pelo contrário, uma descoberta inteiramente nova e promissora, exatamente por esse caráter do papel protagônico.

Daí também as possibilidades do sociodrama. Neste, o cliente, ou o "sujeito" (como diz o próprio Moreno), é o próprio grupo, e nisso se diferencia da psicoterapia de grupo, onde cada um dos seus membros é o cliente. O protagonista surge, nos atos sociodramáticos, exatamente como no psicodrama, para centralizar a trama que vai ser representada e evidenciar, através das descobertas que vão sendo feitas em cena, o que se passa a nível coletivo.

Essa possibilidade de trabalhar diretamente com os vínculos em questionamento, sem se limitar à intervenção via o indivíduo que procurou ajuda para si, como pessoa, foi outra vertente da pesquisa moreniana, cujos resultados são inegáveis e permitem hoje uma abordagem intensa das relações matrimoniais, familiais, institucionais etc..

É preciso que se faça aqui uma importante ressalva à utilização de recursos psicodramáticos como cavalo (a expressão é campesina, para designar o toco de árvore onde se implanta um ramo de outra, tida como mais nobre) onde se enxerta um sistema conceitual diverso do original.

A prática psicodramática fica descerebrada quando dela se

alijam seus pressupostos fundamentais. O principal deles é a noção de protagonista.

TERCEIRA FASE

Ampliando ainda mais as suas pretensões, imaginou Moreno a possibilidade de aplicar a suas pesquisas os critérios métrico-descritivos do pensamento científico dominante. Isso possibilitaria, como hipótese, avançar ainda mais em relação ao estádio anterior, de pesquisa do inter-jogo de relações apenas no contexto dramático.

Ele que, antes, profligara o cientificismo, passou a ter um posicionamento muito claro: se não fizesse concessões à chamada ciência objetiva, estaria comprometida a respeitabilidade de seus ensinamentos.

A criação da Sociometria, e de sua mais popularizada ferramenta, que é muitas vezes confundida com ela (de novo, a parte tomada como o todo), o teste sociométrico, teve sua fase de experimentação mais densa nos trabalhos de Hudson e Sing-Sing.

Em termos de matriz de identidade científica, pouco adiantou, pois apesar de tudo o saber oficial considera Moreno inadimplente.

As intervenções institucionais vieram entretanto abrir os portais para um novo avanço e para o estaqueamento definitivo do território da Sociometria.

Em primeiro lugar, pela re-afirmação da possibilidade da ciências "in situ", como alternativa válida às pesquisas "in vitro", decididamente inadequadas, estas, para o conhecimento dos fenômenos inter-humanos. Depois, pela identificação de uma técnica simples, com desdobramentos lógicos, capaz de permitir o artifício experimental de fixar uma configuração de forças sociais em ação, num dado momento. Esse recurso representa possibilidades quase ilimitadas de investigação, ao nível de vínculos, átomos, papéis, tele etc..

Isso tudo apesar de a aplicabilidade imediata de seus achados na forma que lhe quis imprimir o pesquisador poder ser colocada sob suspeição. E nesse caminhar muitas novas portas podem-se abrir, todas elas ofertando a entrada a territórios os mais supreendentes do objeto em estudo: o ponto em que se tangenciam conflitivamente o individual e o coletivo, entrelaçando-se em mútua influência e em indissociada determinação.

149

É através das interligações sociométricas que se pode ter acesso à trama que engendra e é engendrada pelos projetos coletivos, às mutualidades que permitem o agir solidário, às transferencialidades que condicionam os desencontros, às múltiplas possibilidades do co-inconsciente (outra grande sacada!), aos fenômenos-chave como o protagonismo, o bode-expiatório, a liderança, as oposições ativas e passivas, a cumplicidade, e aí por diante.

QUARTA FASE

Considero a quarta fase como aquela da sedimentação de toda a experiência acumulada ao longo de decênios de investigações corajosas e inovadoras.

A produtividade experimental parece ter declinado, nesse período, mas tudo indica que havia mesmo necessidade de uma pausa. Exatamente para que se assentasse a poeira e para que se fizesse um balanço do que permaneceu como fundamento para a continuação do trabalho: não pelo mestre, estrela solitária, mas pelos seus discípulos, com a sua inspiração.

O símbolo desse processo está no World Center of Psychodrama, o lugar onde aconteciam a formação de novos psicodramatistas, as publicações, o estímulo a novas incursões empíricas, as gestões relativas ao movimento psicodramático mundial.

O caráter aberto das terapias socionômicas permite a utilização mais ampla possível de todos os recursos disponíveis. Isso poderia significar – como para alguns tem significado – que se pode considerá-las como um processo em que tudo cabe, indiscriminadamente.

A experimentação de Moreno, nesse campo, entretanto, nunca deixou de ter um eixo: o teatro em seu formato terapêutico.

É importante ter esse fato sempre presente. A saga moreniana, que se inicia no teatrinho infantil que trouxe deus como personagem e que se encerra com sua morte e como o fechar das portas de seu santuário em Beacon, teve o contexto dramático como a inseparável ferramenta para todas as investigações e todos os empenhos taumatúrgicos.

Diz um amigo meu, teatrólogo e neo-psicodramatista, que o mal do Psicodrama, hoje, é que ele é praticado extensivamente por médicos e psicólogos, que não possuem a menor noção a respeito das coisas mais elementares do teatro. E que é esse desconhecimento que debilita o potencial psicodramático, levando seus praticantes a recorrer a reforços com os quais têm maior familiaridade, ou seja, as mezinhas e conceitos psicológicos e psiquiátrico.

O teatro foi o laboratório onde se configurou a totalidade da produção científica de Moreno. Se ela merece reparos, eles têm a ver muito mais com idiossincrasias do autor do que com os instrumentos com os quais trabalhou.

Daí a importância que atribuo à retomada vigorosa e consciente do teatro como coluna mestra da atuação psicodramática.

Sem ele, os conceitos com os quais operamos se tornam vazios. As propostas ficam débeis. Os resultados, inconsistentes.

CAPÍTULO XII

PSICODRAMA NÃO CLÍNICO

Paulo Sérgio Amado dos Santos

Nosso propósito neste trabalho é destacar o modo pelo qual Moreno realiza a tarefa de construção do modelo psicodramático de compreensão do indivíduo e dos grupos, diferenciando-o do modelo de atendimento clínico e configurando as condições nas quais fundamenta sua proposta existencial-política.

Acompanhando a trajetória de Moreno, consideramos como ponto de partida do seu projeto o trabalho realizado com crianças nos jardins de Viena, em um cenário natural e com uma ação distinta das concepções pedagógicas da época. É na improvisação feita com crianças que Moreno observa o espontâneo-criativo em "status nascendi" e se propõe a organizar uma sociedade de crianças em oposição à sociedade de adultos, esta marcada pela conserva cultural e pela desordem social.

Temos a considerar que a história pessoal de Moreno, nessa época estudante de medicina, está marcada por uma vivência apostólica, profética, de origem hassídica; apesar de conhecer os métodos pedagógicos ativos de Rousseau, Pestalozzi e Froebel, seu trabalho com crianças nos jardins de Viena não se organiza como um projeto pedagógico e sim como um "jardim de infância" em escala cósmica, uma revolução criativa entre as próprias crianças. Ele mesmo relata que alguns educadores e pais se mostraram interessados em formalizar e dar continuidade a essas atividades, através de um teatro de crianças. Mas Moreno, abandonando parcialmente o projeto iniciado com crianças, busca uma nova forma de investimento no social, através da formação de grupos de discussão com adultos. Juntamente com um jornalista e um médico de doenças venéreas (equipe multidisciplinar?), dedicou-se a um trabalho com prostitutas, cujo objetivo era conscientizá-las de sua situação e favorecer-lhes o agrupamento, em uma espécie de sindicato.

Em um campo de refugiados tiroleses, observava as intençõcs sociais existentes para melhor agrupá-los (esboço do teste sociométrico?). Paralelamente, desenvolve atividade literária como colaborador da revista DAIMON, em conjunto com um grupo de intelectuais. Nela publica "Convite a um Encontro", um apelo à reconstrução nacional, à superação das divergências existentes entre grupos, e à Paz.

Como expressão objetiva de sua preocupação com o contexto político, Moreno realiza sua primeira sessão psicodramática (1º de abril de 1921) com um público formado por representantes de vários países europeus, organizações religiosas, na tentativa de tratamento de uma síndrome cultural patológica, compartilhada pelos participantes. Seu intento era conseguir o sociodrama em "status nascendi" e analisar a produção, mas ainda não se concretiza, na Komoedienhaus de Viena, seu projeto de converter os espectadores em atores do seu próprio drama coletivo.

Reconhecendo os limites para a construção desse projeto mais abrangente na comunidade, Moreno utiliza o referencial do teatro como um espaço possível para dar início a sua revolução, tendo como núcleo a investigação da espontaneidade. Nasce, assim, o Psicodrama, não no âmbito de uma instituição hospitalar ou de uma clínica, mas no Teatro, não constando de suas experiências um embasamento clínico para o alcance de seus propósitos.

O Psicodrama "austríaco", como era realizado nos anos 1913 a 1923, tinha originalmente um caráter existencial; as formas clínicas se desenvolveram nos Estados Unidos da América do Norte.

Cabe aqui a transcrição de um texto de J.L.Moreno, do livro "Teatro da Espontaneidade", sobre o psicodrama de uma família: " Os atores do drama terapêutico são os moradores da casa. A angústia da casa pode ser tão grande que o silêncio não ajuda os dois ou mais habitantes, pois não há também qualquer conversa, porque as perturbações são muitas. É o estado de duas almas que não podem ser ajudadas por qualquer mudança de espírito, de consciência, de corpo, mas apenas pelo amor. Tudo parece inútil, tudo é uma eterna volta do mesmo sofrimento (...). A casa em que moram essas pessoas significa proteção contra o olhar, e o conflito se transforma em um pretexto para esconder ainda mais profundamente. Parece não haver qualquer possibilidade de saída desse labirinto de intrigas entre pai, mãe, esposa e filhos, amigos e inimigos. Como poderão ser salvos da mentira, preocupação, dor, loucura, delírio, (...) do conhecimento, da felicidade, do ódio, (...) ? Através da última apresentação.

Como antigamente o fizeram por necessidade, as pessoas representam para si mesmas a mesma vida, aceitando uma ilusão consciente. O lugar do conflito e do teatro de representação são os mesmos: a casa em que vivem. (...) A vida toda é desenrolada e seus envolvimentos recíprocos em seu contexto temporal; nenhum instante é apagado; cada aborrecimento, cada dúvida, cada angústia reaparece na cena. Não é apenas o diálogo o que representam: seus corpos rejuvenescem, seus nervos, suas fibras cardíacas; eles se representam novamente, desde o começo, como se saíssem de uma memória divina (...) Todo o período surge em um instante. O amor pelos próprios demônios libera o teatro de suas limitações, mas não para uma cena pessoal. Para expulsá-los de seu encerramento, eles raspam suas feridas profundas e deixam correr o sangue.

Toda a comunidade é espectadora. Todos foram convidados a se reunirem diante da casa.

Mas esta louca paixão, esse desencadeamento irreal da vida, (...) reafirma a frase: Cada segunda vez é a liberação da primeira. Liberar é uma expressão idealizada (...) Assume-se o aspecto de criador da própria vida, de tudo que se fez e se faz; chega-se à sensação da verdadeira liberdade da natureza (...) No palco também a segunda vez é aparentemente falada, procriada, discutida (...) disputada, ganha, perdida, morrida. Mas a dor não age sobre os atores e espectadores como dor, o mesmo desejo como desejo, o mesmo pensamento como pensamento, mas tudo sem dor, (...) sem pensamento, sem morte. Cada aspecto do ser é tomado em sua aparência e, ser e aparência, desaparecem num mesmo riso. Esta é a última apresentação.

O teatro da improvisação foi a liberação da aparência. Esta aparência é a liberação da vida."

Moreno, médico, teatrólogo, investigador social, preocupa-se com a doença cuja etiologia ultrapassa o domínio do psicossomático, com a sintomatologia caracterizada pela "robotização" e pela estereotipia nas relações sociais, e propõe, como terapêutica, o resgate da espontaneidade/criatividade. O homem tratado por Moreno não é um "paciente" e sim um sujeito que participa ativamente de sua "cura" e da dos demais envolvidos em sua rede social.

Em suas atividades nos Estados Unidos, aproveita o contexto institucional da Escola de Reeducação para Jovens, de Hudson, e da penitenciária de Sing Sing, onde as pessoas se encontram naturalmente juntas, e valoriza as circunstâncias para estudos e experimentos sociométricos. A realidade é estudada tal como existe.

O mais importante é que os participantes, principalmente Hudson, independentemente da posição que ocupavam, ao se comprometerem com um processo de reformulação da instituição, puderam não só experimentar a força criadora coletiva como questionar suas próprias posições dentro. do sistema institucional anterior. Nesse processo de abertura e interação, ficou evidente que o princípio básico da co-existência e da co-participação é o reconhecimento do Outro. Assim, esse projeto favorece o surgimento de uma consciência social que não é apenas subjetiva, nem de classe social, mas uma consciência de grupo – esse é o objetivo do estudo de Moreno. Ele vai tecendo o seu projeto, no qual, como investigador dos fenômenos sociais, assume uma posição de participante ativo, de observador dentro do grupo, aproveitando o fluxo das vivências para captar a realidade "in situ" e posteriormente teorizar.

O que tentamos enfatizar ao longo deste artigo são as articulações continuadas do Psicodrama, buscando incessantemente o espontâneo-criativo independente do espaço (comunidade, instituição, grupo natural, consultório).

Quer no "Jogo de Deus" ou junto às crianças dos Jardins de Viena, na assunção de papéis das prostitutas, no reconhecimento da força de escolha para o agrupamento dos refugiados tiroleses, ou no desempenho de papéis no Teatro Improvisado, Moreno concretiza um avanço na concepção do homem, ultrapassando os modelos biológico e psicológico da ciência, promovendo a ruptura com o modelo conservado da patologização. Retira do teatro a concepção de cenário que transcende a tridimensionalidade e, na concretização de espaço psicodramático, fenomenológico, micro-político, que é também o espaço da imaginação, onde o tratamento das relações permite a redescoberta e reorganização do sujeito, lançando-o na revelação do Drama humano cujas raízes se encontram na sociedade, na cultura e no próprio movimento histórico que as circunscreve.

Enfim, a revelação e transformação das relações do indivíduo com o mundo devem seguir o fluxo da existência, revelado no movimento espontâneo-criativo.

CAPÍTULO XIII

MORENO, DOM QUIXOTE E A MATRIZ DE IDENTIDADE: UMA ANÁLISE CRÍTICA

Sergio Perazzo

A origem de um trabalho científico guarda uma íntima relação com as inquietações de seu autor. Se assim não fosse não passaria de uma simples cópia sem qualquer sopro criativo.

Desta perspectiva, o produto da criação articulado que está a uma condição pré-reflexiva ou pré-imaginativa que por sua vez é resultado de sensações e de sentimentos à procura de uma resposta – estado este que configura o perfil da dúvida, se insere por outro lado no momento vivido pelo criador naquele ponto de intersecção entre as malhas de seu átomo social e particularmente da sua subdivisão como átomo familiar e até mesmo do que poderíamos chamar do seu átomo profissional.

Melhor dizendo (ou pior dizendo, o que depende da análise crítica do leitor, que cria junto comigo um "diálogo" de pensamentos defasado apenas no tempo), eu-criador sinto um desconforto decorrente de uma insatisfação em face àquilo que conheço do corpo de uma teoria. Resultado de um mosaico de contribuições de diversas outras cabeças, diferentes da minha, de vivos ou de mortos, de pessoas com quem poderei discutir meus pontos de vista e os do meu interlocutor de viva voz assim como daqueles com quem nunca me encontrarei (interlocutores imaginários). Ora a vida me possibilita encontros e desencontros vivos na ação que está a meu alcance, ora me reserva uma justaposição de conservas (a obra de um autor já morto ou por qualquer outra razão, inacessível, e a minha própria produção sobre um mesmo tema, por exemplo).

Naturalmente, tal insatisfação não é gerada unicamente pelo conhecimento ou desconhecimento de uma teoria, mas sim pelo confronto com a minha prática e com a minha possibilidade existencial ligada a outros papéis que não o profissional, que me permite lugar e hora de questionamento, de reflexão.

E como estou também inserido em outros círculos maiores que fogem ao meu controle: histórico, social, político, econômico, cultural, macroprofissional, microprofissional, familiar e inconsciente pessoal e interpessoal, ou seja, co-inconsciente; a minha criação é antes um resultado desta miscelânea, da qual sou apenas agente, ou quem sabe mero protagonista, para desencanto do que eu julgara proceder de meu determinismo e determinação. Pobre de mim!

Estou portanto diante daquilo que entendo como uma lacuna de minha área de conhecimento. Uma lacuna teórica que parte de minha prática. Não sei até que ponto uma motivação inconsciente me leva a preencher, através do papel de profissional-criador, lacuna ou lacunas outras existentes no fundo do meu eu reveladas em outros papéis. Chego mesmo a me acreditar isento em minhas colocações? Inédito? Original? Científico? Filosófico? Substancialmente ideológico? Estarei contribuindo para um novo curso da corrente a que pertenço, estou sendo mais fluente, sou apenas um de seus resultados ou simplesmente um acidente?

Tiro do baú das recordações a pele de um personagem de Borges e me visto com ela – a do homem que reescreveu "Dom Quixote" ("Pierre Menard, autor do Quixote", em "Ficções"):

Passo a vida dedicado não a reescrever o "Cavaleiro da Triste Figura", mas a escrever de novo, pela primeira vez, estimulante paradoxo, e o resultado formalmente parece o mesmo, porque reproduz capítulo por capítulo, parágrafo por parágrafo, palavra por palavra, letra por letra, vírgula por vírgula, ponto por ponto, integralmente a obra de Cervantes. Entretanto garanto que é um outro livro e que não se trata de um xerox. Eu não me coloco, como à primeira vista possa parecer, no papel do Cervantes, com a disposição de sentimentos e de imaginação que me permita recriar o Quixote. O que faço é mais difícil ainda. É criar o Dom Quixote aparentemente igual sendo o atual autor um homem – resultado de uma outra época, fruto de acontecimentos históricos, literários, pictóricos, musicais, filosóficos, políticos, revolucionários, herança de séculos, não vividos e não conhecidos por Cervantes e, portanto, não tendo exercido influência, mesmo que indireta, sobre sua obra prima. O que seria escrever Dom Quixote, após o cubismo, o abstracionismo, a poesia concreta, o rock, o jazz, o disco laser, a bomba atômica, a televisão, o cinema, a psicanálise, o marxismo, a perestroika e a Praça da Paz Celestial?

Mesmo que as palavras fossem as mesmas, o significado seria indiscutivelmente diferente, assim como o leitor das duas épocas não é o mesmo leitor. Quem garante que no futuro ou mesmo em nosso presente apressado e consumista o Quixote não seria um video-clip? Em vez de elmo, talvez o cavaleiro andante usasse um capacete de piloto de Fórmula I.

Tomemos Moreno sob o mesmo prisma. Ao invés do Quixote, o Psicodrama (senso lato).

Diante das duas obras propomos duas posturas básicas: a de se deixar penetrar simplesmente pelo coração e a de não desvincular a apreciação e a avaliação crítica dos textos do momento criativo e do momento histórico de seus autores. Ou uma terceira que junte ambas num jogo de proximidade e distância em que a nossa relação de interioridade com a obra decorra de nossa possibilidade de envolvimento e de nossa capacidade reflexiva: o encantamento, a sensação e o fluxo de pensamentos deles decorrentes.

Ninguém poderá dizer de Cervantes que ele escreveu propositadamente sobre as pulsões e sobre os mecanismo de defesa de um pobre velho que, psicoticamente, acaba por duelar com moinhos de vento. Ou então que ele descreveu os caminhos e descaminhos de uma unidade funcional representada por Dom Quixote e Sancho Pança. Tanto a Psicanálise como o Psicodrama vêm depois, é claro. É indiscutível. Qualquer interpretação do ato criador de Cervantes sob uma ótica psicanalítica ou psicodramatista, se não inútil, é no mínimo surrealista.

No entanto, podemos dizer de Moreno que quando ele constrói a teoria do Psicodrama ele não desconhece as contribuições teóricas da Psicanálise. Conseqüentemente, o pensamento de Moreno não sendo anterior à Psicanálise, ele é muitas vezes crítico, se opondo claramente a determinados vetores psicanalíticos, propondo uma direção diferente como resultante.

Não podemos nos esquecer nunca que a visão do homem moreniano é um resultado ideológico do homem Moreno e, por decorrência do cientista Moreno. A formulação da teoria da espontaneidade-criatividade é a consagração de sua ideologia e serve de base inequívoca a um método de ação derivado do "Teatro Espontâneo", que subverte a metodologia psicanalítica quando se transforma em "Teatro Terapêutico". Esta é a razão básica pela qual Moreno não se preocupou com a construção de uma teoria de desenvolvimento ou de uma psicopatologia psicodramática. Obviamente, nem uma nem outra se encaixam na proposta moreniana de libertar através do teatro o homem criativo e espontâneo que existe dentro de cada ser humano.

É necessário destacar, porém, que Moreno, em seu livro "Psicodrama", na seção VI, a que chamou "Psicodrama", utiliza um subtítulo: "O Psicodrama e a Psicopatologia das Relações Interpessoais", onde descreve o método psicodramático, onde dá exemplos através de protocolos e onde aproveita para discorrer sobre tele e transferência, enfocando as distorções dos vínculos. Ele não define uma nova psicopatologia. Apenas quer chamar a nossa atenção para o interpessoal através de papéis e por isso nos fala da psicopatologia das relações interpessoais.

Nós, psicodramatistas, oriundos dos cursos e hospitais de psiquiatria ou das faculdades e clínicas de psicologia, em que é inegável senão a influência pelo menos a informação nosológica ou a absorção do modelo dinâmico psicanalítico, não conseguimos operar sem a égide de uma teoria de desenvolvimento e de uma psicopatologia, sem compreender que a proposta de Moreno é justamente esta. Senão, porque Moreno não escreveu sobre isto através das várias décadas de sua produção científica? Ninguém me convencerá que faltou tempo ou se tratou de esquecimento. Não é possível alguém criar um método e uma teoria, aplicando-os durante mais de meio século, com eficiência, criando uma escola, deixando de lado peças que nós possamos julgar como fundamentais, se ele próprio não acreditasse em sua falta de fundamento e propusesse sua substituição por um novo referencial articulado harmonicamente à sua filosofia e ideologia.

A não incorporação de sua postura e método nos levou a uma distorção de base, da qual é exemplo, entre nós brasileiros, primeiro a adoção da esquemática, superficial e insuficiente "Teoria do Núcleo do Eu" e posteriormente da igualmente esquemática, superficial e insuficiente "Teoria da Matriz de Identidade". Tentativas infrutíferas de desenvolvimentizar e de psicopatologizar o Psicodrama.

160

Não me ocuparei aqui da "Teoria do Núcleo do Eu", que já vem sendo criticada por mim e por outros autores como Mezher, Naffah Netto e Aguiar há quase dez anos. Prefiro remetê-los à literatura já publicada sobre o assunto e ao que parece, ainda insuficientemente lida e estudada por boa parte dos psicodramatistas.

No que diz respeito à "Teoria da Matriz de Identidade", muitos são os pontos a serem discutidos. O primeiro é histórico.

Moreno escreve sobre a matriz de identidade em poucos (oito ao todo) parágrafos e três esquemas de um capítulo do livro "Psicodrama" intitulado "Princípios de Espontaneidade" (1937). Os esquemas ilustram seus pontos de vista sobre "Desenvolvimento do Fator E", no mesmo capítulo. Volta a se referir brevemente às três fases principais do desenvolvimento da criança em 1959, no livro "Psicoterapia de Grupo e Psicodrama", sem se referir especificamente à Matriz de Identidade e principalmente para fazer uma correlação entre suas fases e as técnicas do duplo, do espelho e da inversão de papéis. A ênfase sendo, portanto, na espontaneidade e na técnica respectivamente, num salto entre quase duas décadas.

Garrido-Martín, analisando brilhantemente a obra de Moreno, desenvolve um estudo sobre as constantes psicológicas do pensamento moreniano e define e constrói uma antropologia psicológica do criador do Psicodrama. Garrido-Martín parte do princípio de que isolar de sua obra as constantes de seu pensamento é o que permite edificar as bases de sua teoria.

Constatamos, ainda através de Garrido-Martín, que uma teoria de desenvolvimento, uma psicopatologia e particularmente a "Teoria da Matriz de Identidade" não fazem parte desta relação de constantes; logo, por conseguinte, podemos afirmar confortavelmente que nenhuma das três constitui pilar básico da Teoria do Psicodrama. É a constatação do óbvio.

Em se tratando de fundamentos, quero esclarecer a minha posição pessoal quanto a certos argumentos em voga ou em moda em alguns círculos psicodramáticos, do tipo: "Existem vários psicodramas, o de quem faz um processamento pela Teoria do Núcleo do Eu, o da Matriz de Identidade, o da Sociometria etc." Como se fosse possível. Hoje há até quem justifique a sua pouca disposição para dramatizar ou a sua incompetência técnica (em psicodrama bipessoal é muito visível, aliás), inventando o psicodrama sem dramatização com as justificativas teoricamente mais inconsistentes, alijando do Psicodrama a ação, que sem sombra de dúvida é o seu método fundamental e sem o qual o Psicodrama não se sustenta como Psicodrama.

A estes argumentos respondo que Psicodrama é um e único, com seus fundamentos básicos claros e bem discriminados na teoria moreniana, através da Sociometria, da Teoria de Papéis e da Teoria da Espontaneidade-Criatividade, e defendo a idéia de que não se afastar de sua base teórica não significa se reduzir a Moreno ou a ser um purista, como já fui taxado muitas vezes.

A falta de profundidade desta visão não leva em conta que qualquer crescimento e visão crítica da obra de Moreno terá que partir de pressupostos básicos que podem e devem ser ampliados e não substituídos. É como jogar basquete com bola quadrada, ou numa piscina ou sem a cesta e continuar chamando o jogo de basquete. "O meu basquete não tem tabela". "O meu se joga com tacos de golfe". "E o meu num campo de futebol". Equivalente a: "O meu Psicodrama se faz no divã"; "E o meu não utiliza Sociometria"; "O meu não se dramatiza, o que importa é a postura psicodramática (que não define qual é)", absurdos que apenas refletem o pouco cuidado com uma conceituação teórica mais precisa e consistente.

Voltando à Matriz de Identidade, numa outra vertente, vamos olhar para trás e contemplar a história do movimento psicodramático brasileiro e de sua produção científica.

Até 1979, a literatura brasileira sobre Psicodrama era muito escassa e a maioria dos estudos e consultas se faziam com base em livros importados de tradução espanhola, dos quais incorporamos alguns equívocos em nossa linguagem técnica, resultado de um mau conhecimento da língua. Por exemplo: o termo depositação, inexistente em português (significando deposição, depósito). Ou o tão utilizado até hoje *brecha* entre fantasia e realidade, sem nos darmos conta de que o termo brecha foi utilizado por Moreno como figura de linguagem e não como termo técnico. Assim como ele escreveu brecha poderia ter escrito abismo, distância, fosso etc. Os trabalhos brasileiros repetem cansativamente as palavras "brecha entre fantasia e realidade", não ousando modificar qualquer palavra ou sua seqüência, meramente descritivas de um fenômeno e não o nome técnico do próprio fenômeno.

A fundação da Federação Brasileira de Psicodrama (FEBRAP) precedeu e levou à organização do I Congresso Brasileiro de Psicodrama e o 1º número da "Revista da FEBRAP" (a revista "Psicodrama" da Sociedade de Psicodrama de São Paulo, anterior, consistia até então em dois magros volumes) e com isto a uma produção científica mais numerosa e organizada. Só para se ter uma idéia, o número 1 da "Revista da FEBRAP" trazia 6 artigos de Psicodrama, dos quais apenas 2 incluíam 5 escassas referências bibliográficas cada um. Dois anos depois, o número 1 do 3º ano, que se seguiu ao congresso de Canela (o II), continha em 313 páginas 63 artigos (em um só número).

O ano de 1979 é marcado pela publicação, no até então deserto editorial brasileiro, do livro de Naffah Neto – "Psicodrama: Descolonizando o Imaginário", um livro extremamente consistente e profundo, nitidamente muito superior à média das publicações da época, em que o autor, não abandonando as bases morenianas, amplia e recria pontos de fundamental importância na teoria do Psicodrama. Em minha opinião, o primeiro grande marco da contribuição brasileira ao Psicodrama, ainda novo e atual até hoje.

O segundo livro brasileiro importante aparece em 1980: "Psicodrama da Loucura" de Fonseca Filho. O livro se divide em duas partes: a primeira, uma tese, procura recuperar as bases filosóficas de Moreno, correlacionando o seu pensamento com o do filósofo Martin Buber. Esta parte ainda se mantém de pé até os nossos dias. A segunda surge na época como uma resposta necessária às nossas aspirações de ter estruturada no psicodrama uma teoria de desenvolvimento. Fonseca Filho amplia os conceitos de Moreno sobre matriz de identidade e constrói um esboço de psicopatologia baseado nela, procurando mesmo fundamentar as indicações de psicoterapia e de suas formas e a utilização das técnicas, correlacionando-as com as fases desta matriz de identidade em que supostamente estaria "fixado" o indivíduo.

Quero ressaltar aqui, num parêntese, o trabalho árduo e inteligente de Fonseca Filho, que, repito, veio atender a uma aspiração dos psicodramatistas na época. Penso que Fonseca Filho foi um protagonista do movimento psicodramático brasileiro que consciente ou co-inconscientemente procurava uma feição própria, descolonizada.

Comparando as duas publicações, o livro de Naffah Netto, mais denso e mais profundo, na verdade uma tese defendida no Departamento de Filosofia da Universidade de São Paulo e fruto de uma pesquisa de cinco anos, regida por uma metodologia acadêmica, não alcançou a popularidade do livro de Fonseca Filho, embora todos o tivessem bem à vista em suas estantes. O livro de Fonseca Filho era mais fácil de ler, sua linguagem era mais acessível, tinha esquemas e desenhos que facilitavam a compreensão (até então, as publicações que teorizavam sobre o Núcleo do Eu, compensavam com abundância de esquemas o que faltava em palavras e em profundidade de pensamento). "Psicodrama da Loucura" nem por isso era menos sério ou criterioso.

Embora tenha sido um passo necessário, provavelmente não nos demos conta que a construção esquemática de uma teoria de desenvolvimento e de uma psicopatologia, na verdade, representava um equívoco que nos afastava dos fundamentos filosóficos e ideológicos de Moreno e, portanto, do Psicodrama. Gerações inteiras de psicodramatistas brasileiros, pelo menos em algumas instituições, cresceram aprendendo uma teoria de psicodrama muito próxima de um processamento prático pela ótica da "Teoria da Matriz de Identidade" e de uma psicopatologia superficial e insuficiente. As angústias dos jovens psicodramatistas ficavam aplacadas diante de uma técnica poderosa amparada num referencial frouxo, porém mais ou menos conhecido. O exemplo disso é o número crescente de trabalhos publicados com referência à matriz de identidade. Quanto aos mais velhos, tinham uma linguagem comum em que se apoiar, quando se confrontavam com psicoterapeutas de outras linhas. Ou seja, revolucionários mas nem tanto que não pudessem ser aceitos por seus pares.

Moreno, por sua vez, em seus protocolos, não revelou qualquer constrangimento em se expressar através do referencial psicopatológico clássico. Fala em neuroses, neurose de angústia, patologia psicomotora, psicoses e demência precoce, por exemplo. Contudo, sua intenção é claramente ilustrativa e demonstrativa da ação do psicodrama em pessoas com diagnósticos psiquiátricos tradicionais. Basta ver que a descrição das dramatizações e a análise das sessões obedece às coordenadas do método e da teoria psicodramáticos.

164

Ao contrário das contribuições brasileiras decisivas para o crescimento e ampliação da teoria do psicodrama e nem sempre suficientemente valorizadas em seu enorme grau de importância, de que são exemplo, o conceito de papel imaginário (diferente de papel psicodramático) de Naffah Netto, do questionamento da validade do conceito de papel psicossomático de Mezher, ambas perfeitamente compatíveis com a Teoria de Papéis apesar de criticar alguns de seus pontos fundamentais; e da compreensão do Psicodrama através da sua origem no Teatro Espontâneo, de Aguiar; a ênfase em tentar explicar os fenômenos psíquicos pela Teoria da Matriz de Identidade criou distorções teóricas graves e equivocadas. Um dos melhores exemplos, entre outros, foi o de considerar os fenômenos grupais simplesmente como uma ampliação dos fenômenos individuais.

Ora, Moreno demonstra claramente que os fenômenos grupais são de natureza diversa e para explicá-los criou a lei sociogenética, a lei sociodinâmica, a lei da gravitação social e a lei da rede interpessoal e sócio-emocional, dentro de uma disciplina a que chamou Sociometria, a cujo estudo e elaboração dedicou os melhores anos de sua vida. Acrescente-se a isso o conceito de co-inconsciente grupal. E o que vemos vinculado aos "teóricos da matriz de identidade"? Afirmações que pressupõem fases de um grupo superponíveis às fases da matriz de identidade do indivíduo, ou seja, o mesmo tratamento dado por exemplo por psicanalistas aos grupos (Bion é um deles, contudo admitindo também uma cultura de grupo), que como indivíduos reagem com posições esquizoparanóides ou depressivas semelhante à compreensão kleiniana de uma dinâmica individual. Ou seja, transpondo para o grupo o mesmo fenômeno individual, o que em psicodrama significaria atropelar a sociometria tanto quanto o conceito de co-inconsciente.

Outro ponto falho é o de não conseguir vincular a passagem do primeiro para o segundo universo ao jogo de papéis sociais e imaginários e à interpolação de resistências do meio ou seja, em última análise, ao "status nascendi" da transferência, aqui compreendida em seu conceito psicodramático. À força de não conseguir correlacionar o interpsíquico com a noção de papel e com sua íntima relação com a personalidade, a teoria da matriz de identidade desfoca o psicodrama para a área intrapsíquica, sem explicá-la. Mais ainda, a visão estática de situar um dado indi-

165

víduo numa dada fase da matriz de identidade simplesmente passa por cima da visibilidade da transferência articulada a um caráter transitório, conectada a um momento e a um modo de desempenho de papel. Não leva em conta também a diferença entre etapa de desenvolvimento do ser humano à qual não se volta, uma vez ultrapassada e um determinado comportamento transferencial para uma dada situação e para um dado papel social (com extensão para outros papéis sociais – efeito cacho ou "cluster"), em que o indivíduo reage com sensações e sentimentos de uma forma que se supõe que seja semelhante ao daquela etapa (note-se que é diferente de dizer que o indivíduo está naquela etapa). Falta precisão de linguagem teórica e técnica. Além disso, esta forma de ver as coisas mal esconde um jeitinho de se operar psicodramaticamente com o conceito psicanalítico de regressão, sem admiti-lo.

É necessário coragem, Moreno sempre nos ensinou direta ou indiretamente, para reconhecer as más conservas culturais, para aceitar com naturalidade o seu envelhecimento e para abandoná-las. Perceber que um caminho é insatisfatório mesmo que longa e penosamente trilhado, deve fazer prevalecer a transformação, nem que se tenha de começar de novo. Não há sentido em permanecer num beco sem saída só porque dá muito trabalho procurar outra via e porque seria penoso abandonar uma direção em que se conquistou algum prestígio ou segurança. Esta é muitas vezes a razão da manipulação do poder, em que se levam muitas outras pessoas, psicodramatistas profissionais, para o mesmo beco sem saída. Há pensamentos, textos e livros que envelhecem e nem por isso são menos úteis. Espero que este artigo também envelheça, me obrigando uma renovação.

Ingmar Bergman diz em sua "Lanterna Mágica": "Mas talvez seja desta maneira que a verdadeira velhice começa. Vamo-nos perdendo cada vez mais através de quartos em penumbra e sinuosos corredores por limpar. Falamos um com o outro usando telefones que não funcionam muito bem, e tropeçamos, sem remissão, em retraimentos não previstos"[1].

_____

(1) Bergman, I – *Lanterna Mágica* – Rio de Janeiro, Editora Guanabara, - 2ª edição, 1987

Reescrevamos, pois, escrevendo pela primeira vez, juntos, em nossa época, renovados, o Dom Quixote de Moreno.

Que Cervantes nos abençoe!

São Paulo, 18 de junho de 1989.

BIBLIOGRAFIA

1. Aguiar, M. - *Teatro da Anarquia: um Resgate do Psicodrama* - Campinas. Papirus Editora, 1988.

2. Fonseca Filho, J.S. - *Psicodrama da Loucura* - São Paulo. Ágora, 1980.

3. Garrido-Martín, E. - *J.L. Moreno: Psicologia do Encontro* - São Paulo. Livraria Duas Cidades, 1984.

4. Grimberg, L; Sor, D.; Bianchedi, E.T. - *Introdução às Idéias de Bion.* - Rio de Janeiro. Imago Editora Ltda, 1973.

5. Mezher, A. - Um Questionamento acerca da Validade do Conceito de Papel Psicossomático - *Revista da FEBRAP*, ano 3º, 1:221-223.

6. Moreno, J.L. - *Fundamentos de la Sociometria* - Buenos Aires. Editorial Paidós, 1972.

7. Moreno, J.L. - *Las Bases de la Psicoterapia* - Buenos Aires. Ediciones Hormé, 1967.

8. Moreno, J.L. - *Psicodrama* - São Paulo. Cultrix, 1978.

9. Moreno, J.L. - *Psicoterapia de Grupo e Psicodrama* - São Paulo, Ed. Mestre Jou, 1974.

10. Naffah Netto, A. - *Psicodrama: Descolonizando o Imaginário* São Paulo. Ed. Brasiliense, 1979.

11. Perazzo, S. - Contribuição à Teoria do Psicodrama - Aquário apresentado no 6º Congresso Brasileiro de Psicodrama, resumo publicado em seus anais, Salvador, 1988.

12. Perazzo, S. - *Descansem em Paz os Nossos Mortos dentro de Mim* - Rio de Janeiro. Livraria Francisco Alves Editora, 1986.

13. Perazzo, S. - *Percurso Transferencial e Reparação* - Temas, ano XVII, jun-dez/ 87, 32/ 33:127-148.

14. Perazzo, S. - *Teoria e Prática Psicodramática se Articulam* - Temas, ano XVI, jun-dez/ 86, 30/ 31:137-146.

15. Segal, H. - *Introdução à Obra de Melanie Klein* - Rio de Janeiro, Imago Editora Ltda, 1975.

AUTORES

MOYSÉS AGUIAR

Psicólogo pela Universidade de São Paulo, é psicodramatista, professor-supervisor da Sociedade de Psicodrama de São Paulo e fundador da "Companhia do Teatro Espôntaneo". Dirigiu a "Revista da FEBRAP" e é coordenador da equipe que prepara o lançamento da "Revista Brasileira de Psicodrama". Autor de "Teatro da Anarquia – Um Resgate do Psicodrama" e de "O Teatro Terapêutico", este no prelo.

DALMIRO MANUEL BUSTOS

Considerado um dos "pais" do psicodrama brasileiro, é psiquiatra argentino, discípulo de J.L. Moreno, e vem trabalhando regularmente no Brasil desde o início da década de 70. Autor de vários livros, entre eles "Psicodrama", "Psicoterapia Psicodramática", "Teste Sociométrico" (em português) e "Nuevos Rumbos en Psicoterapia Psicodramática", "Te de Tilo "(novela) e "El Otro Frente de la Guerra", títulos em castelhano.

VANIA DE LARA CRELIER

Atual presidente da Sociedade de Psicodrama de São Paulo, é médica, especializada em psiquiatria e em psicodrama. Autora de duas obras, publicadas, onde expressa, via relatos e poemas, sua visão de mundo psicodramática: "Apenas" e "Retalhos".

LUIS CUSCHNIR

Dos psicodramatistas brasileiros em atividade a ter em seu currículo o contato direto com J.L. Moreno, no Moreno Institute (World Center of Psychodrama), em Beacon, New York, Estados Unidos da América do Norte. Titulado pelo Instituto Moreno de La Plata, Argentina, é professor e supervisor na Sociedade de Psicodrama de São Paulo.

Supervisiona, também, o Serviço de Psicoterapia do Instituto de Psiquiatria da Faculdade de Medicina da Universidade de São Paulo.

JOSÉ FONSECA FILHO

Autor de uma das mais influentes obras do psicodrama brasileiro, "Psicodrama da Loucura – Correlações entre Buber e Moreno". Doutor em Psiquiatria pela Universidade de São Paulo, é professor-supervisor credenciado pela Federação Brasileira de Psicodrama, entidade para cuja implantação contribuiu com seu empenho e entusiasmo. Fundou e dirige o "Daimon – Centro de Estudos da Relação".

CAMILA SALLES GONÇALVES

Psicóloga, mestre em Filosofia pela Universidade de São Paulo, professora-supervisora na Sociedade de Psicodrama de São Paulo. Co-autora do livro "Lições de Psicodrama", juntamente com Wilson Castello de Almeida e José Roberto Wolf. Organizadora de "O Psicodrama com Crianças – Uma Psicoterapia Possível".

JOSÉ AUGUSTO DO NASCIMENTO GONÇALVES NETO

Advogado especializado em questões tributárias, bacharel em Filosofia pela Universidade de São Paulo, decidiu recentemente reorientar-se no plano profissional, voltando aos bancos escolares e adquirindo formação em Psicologia. Especializou-se em terapêutica psicodramática na Sociedade de Psicodrama de São Paulo e dedica-se ao estudo da Psicanálise.

ALFREDO NAFFAH NETO

Conhecido nos meios psicodramáticos pelas contribuições que tem dado ao aprofundamento teórico do Psicodrama, é autor de vários livros, entre eles "Psicodrama – Descolonizando o Imaginário", "Psicodramatizar", "O Inconsciente – Um Estudo Crítico", "Poder, Vida e Morte na Situação de Tortura". Psicólogo, mestre em Filosofia pela

Universidade de São Paulo e doutor em Psicologia Clínica pela Pontifícia Universidade Católica de São Paulo.

SÉRGIO PERAZZO

Médico especializado em Psiquiatria, psicodramatista pela Sociedade de Psicodrama de São Paulo, da qual é professor supervisor. Tem escrito vários trabalhos sobre psicodrama, apresentados principalmente nos congressos de que participa. É autor do livro "Descansem em Paz os Nossos Mortos dentro de Mim", um ensaio sobre as relações entre a teoria e a prática do Psicodrama.

MARIA ALICIA ROMAÑA

Educadora argentina, radicada no Brasil há duas décadas, está vinculada atualmente à entidade psicodramática paulista "Revolução Creadora", onde dá curso ao seu esforço pela promoção do psicodrama aplicado a atividades educacionais. Publicou "O Psicodrama Pedagógico".

GECILA SAMPAIO SANTOS

Educadora, graduada pela Pontifícia Universidade Católica de São Paulo, tem cursos de pós-graduação em Filosofia da Educação e Psicologia Social. Especializada em psicodrama pela "ROLE PLAYING – Escola de Sociopsicodrama", da qual é professora. Dá aulas no Instituto de Psicodrama de Campinas e, como psicodramatista, atua em clínica particular e dá consultoria a organizações públicas e privadas.

PAULO SÉRGIO AMADO DOS SANTOS

Psiquiatra e psicodramatista, é professor-supervisor da Sociedade de Psicodrama da Bahia e do núcleo de formação de psicodramatistas em Aracaju, Sergipe. Foi presidente da Sociedade de Psiquiatria da Bahia, milita nos movimentos sociais negros e tem destacada atuação nos programas governamentais de saúde mental, onde procura implementar procedimentos revolucionários de ação comunitária.

NEWTON AQUILES VON ZUBEN

Doutor pela Universidade de Louvain, na Bélgica, é professor de Antropologia Filosófica na Faculdade de Educação da Universidade Estadual de Campinas. Conhecido como um dos maiores conhecedores brasileiros da obra do filósofo judeu Martin Buber, traduziu do alemão para o português sua principal obra "Eu e Tu", preparando para a mesma uma alentada introdução. Escreveu "O Sentido das Palavras Princípio na Filosofia da Relação de Martin Buber" e "Projeto e Utopismo Dialógico: Uma Questão Antropológica".

Impresso nas oficinas da
EDITORA PARMA LTDA.
Telefone: (011) 912-7822
Av. Antonio Bardella, 280
Guarulhos - São Paulo - Brasil
Com filmes fornecidos pelo editor